氣不和時少說話，有言必失；
心不順時莫做事，做事必亂。
口頭禪人人會說，心頭道個個難修！

三分禪

赤根祥一 著

編輯手札

editor's notes

人生即修行。

我們來到這個世上，從小到大，所做的每一件事，其實都是一種修行，是一種真正成功的修行。

「禪」的智慧，充滿了人生的機趣，產生了各種抗壓解憂的療癒效果。「禪」源至於古老的東方，卻在今日世紀，盛行於發達的西方世界，而且大有衝盪西方當代社會之勢。抑或是古老的宗教與現今時代發生著某種默然的聯繫？引來無數哲人學者的濃厚興致和熱情關切。

然而，「禪」並非文人雅士壟斷的領域，也不限於墨客山人嚼味吟韻的氛圍。而當代社會這樣一個激烈競爭的世界，個人的地位、自身的素養和奮爭已是那麼舉足輕重。無論是拚奪撕殺的政治舞台，還是爾虞我詐的商業社會，或是是是非非的市井生活，無不令人疲憊、厭倦、迷惘。探尋一種安寧、一時恬靜、一劇小憩，讓身心清淡、讓靈魂淨化，讓我與自然合為一體——這樣的需求不知不覺強烈地吸引人們。需求在尋覓著，附著找到了——禪。

本書對各行各業、各年齡層的廣大讀者，有著各種助益。如果你是一個面對夕陽、回首一生的坎坷與光榮的老人，你便可以從這本書中領悟出你的坎坷之由與光榮之理。或者你已到中年，正為所承擔的職務和家事煩心，你就能在看完本書之後，彷彿豁然開朗而耳目一新；即使你只是一個初出茅盧，而將面對一個陌生而博大的世界的青年，你的迷惘、你的猶疑、你的欣慰、你的孤寂，抑或都能從本書得到點勸藉、支助與安慰。

總之，這本書包含了人生萬象以及人生成功哲理，希望大家自我判斷與鑒賞，共汲取其精華，它會讓您的人生風帆積極而奮進。願本書給您帶去的，宛如一杯清茶，不甚濃烈，却頗有味道，或許淺酌低唱，就是禪意十足……

目錄

contents

第一章 打造更出色的自己

第二章 活出自己的風格

第三章 捨小欲存大志

第四章
讓希望之火不斷燃燒

第五章 改變，綻放新人生

第一章

打造更出色的自己

——不為外物所迷惑

1 發揮不怕失敗的挑戰精神

《正法眼隨聞記》告誡人們，當弟子有錯的時候，不要用嚴厲的態度斥責他們，而應當用柔和的話語去規勸他們，使他們改過從善。

❖即使99％會失敗

對於一個企業來說，如果每個職員都具有挑戰和創新的精神，這個企業就會有活力，而且一定能夠興旺發達。挑戰和創新意味著有勇氣，若是沒有勇氣，必然為失敗所纏繞而沒有力量創新。遭受了失敗就斥責部下的話，那誰也不會打起精神來，也就不會有勇氣來判斷。這樣下去，不是造成一大批唯唯諾諾的應聲蟲，就是一些狗仗人勢的諂媚之徒。

本田工業技術研究所的創始人本田宗一郎，是一個不斷向命運挑戰和抗爭的男子漢。本田是個有勇氣的人，他回首自己奮鬥歷程時講到，自己經歷了接連不斷的失敗，而他的職員們也是有勇氣、敢於向命運挑戰的。職員們的勇氣，是來自本田管理方法的得當，當職員們失敗的時候，他不是用嚴厲的語言去斥責他們，而是用耐心指出其毛病所在，並循循善誘地引導他們改變困難的局面，這就是所謂「本田精神」。這種精神使他們在紛爭的世界中創造出奇蹟來。本田有一段話很發人深省，他說：

> 拿我的過去來說，現在或許可以稱之為成功，然而，我是在不斷的失敗中，且與命運抗爭中走過來的。我們本田技研能夠發展到現在這種程度，可以說也是在不斷的失敗中發展起來的。說起我們的研究所99%都是失敗，簡直是——除了連續失敗而沒有別的。然而也就是在這種接連不斷的碰壁失敗中，逐漸磨礪了我們的抗爭和一定要爭一口氣的勇

氣。亦正是在如此失敗的基礎上，經過不斷地累積經驗，才會有今天的發展，而這些累累傷痕都可說是你的寶貴財富。

人的精神世界與現今的科學或者技術的世界是不一樣的。人的精神旺盛，就會有勇氣戰勝失敗，頑強堅韌地在失敗的基礎上，鼓起再生的勇氣去與命運抗爭挑戰。

人可以坐著，可以躺下，但是精神卻不能倒下，不論幹什麼都應挺起腰桿子來勇往直前。如果是初出茅廬的青年，被石頭絆倒了或者頭撞在樹上的情況也會有。而頭上撞包，膝蓋被碰並不奇怪，關鍵在於你還得站起來往前走。如果遇到失敗就一蹶不振，勢必一事無成。任何的成功都是失敗的累積，不要以為別人都很順，彷彿天下只有自己才是倒楣蛋。其實，即使吃了大虧，或被同一塊石頭絆了兩次，也不要緊，好好反思，找出毛病，振作精神，並拿出下次行動的勇氣來！

我具有與命運抗爭的挑戰精神，即使部下出了錯也絕對不去訓斥他們，訓斥的結果只會使他們更沒有信心。我要他們從失敗中總結教訓，再增進他們的挑戰精神。

對部下或者同事的失誤小題大作而四處宣揚，是會有損於自己的。因為自己是與他們一夥的，同一夥人有錯，雖然不在自己，但顯然也不是件光采的事，所以若存有貶低別人會抬高自己的想法，那就錯了。

我們無論做什麼事，在追求成功的同時也就蘊含著可能的失誤，這並沒有什麼可大驚小怪的。挑毛病、說喪氣話、吹毛求疵都是不應該的。另外，也不要在完成一件事之前先吹牛或四處宣傳，那難免會引起別人的反感而挑戰。人無「完人」啊！每個人的內心世界中都有極自尊的一面，需要受到別人尊重；同時也有自卑的一面，怕讓人刺傷而喪失勇氣。創造出奇蹟的本田宗一郎先生很懂得這些，他的聲音是柔和的。這柔和的話語點亮了人們心中的勇氣之燈。

❖訓斥之詞柔和之詞

《舊約全書》中有一段話，說是「智者開口是恩德，愚者之唇害其身。」人的語言是相當重要的，一個人說話應當溫和，對人盡量尊重，在工作中即使出了點差錯，也不要抓著人家沒完沒了，要學會作個好上司。「人生來就是會犯錯誤」，這是不須拐彎抹角的。一個作領導的人，內心深處不應當扭曲人性，對部下應充滿友好的感情。這樣自己舒服，別人也暢快。

每個人都要鍛鍊自己的涵養和風度，道元禪師就不用呵斥之詞待人。我們沒有責備別人的資格，如果人家遭到了失敗，你去斥責他，這種人只是一個「愚者」而已。愚者最終要害在自己嘴裏吐出去的「毒針」上的，這一點大家務必記住。如果使用柔和的言詞去勸誘和修正其錯誤的話，被指責的人會感到溫馨，被這種情感所打動而接受意見。這樣一來，也就有利於事物的發展了。佛家講「和顏愛語」，這種和顏愛語就是「禪」。一個人若是尊重對方，就會很自然地使用「柔和之詞」，表情上也會更加和顏悅色了。

忠告

如果使用親切的語言而不能征服對方的話，那麼使用嚴厲的語言更不能征服對方。不僅是不能征服的問題，而且會激起對方的逆反之心。請不要忘記用溫暖的愛心和親切的話語去對待別人。

2 在工作中鍛鍊自己

《正法眼藏隨聞記》說：玉不琢磨不成器，人不磨鍊不成仁。任何玉在最初都不會自然發光；任何人最初都重利，必須經過磨礪，玉才成器，人才成仁。

❖每一瞬間都要拚命努力

京都的大德寺大仙院有位著名的主持——尾關宗園，他對人生的解說是相當深刻、耐人尋味的。他說：

「禿子的頭皮很容易剝落，裝扮的表相很快會被揭穿。一個人重要的是，應該把握當下，在這一瞬間拚命努力，而且這種努力是很自然的，沒有必要去意識到『我在拚命努力幹』。

修行也好，努力也好，關鍵是要每一瞬間都應當注意。這樣，日積月累就是修行和努力。一個人從朋友或者上司那裏得到磨礪和鍛鍊，對自己是有益的，人都要接受別人的教育。

我們必須明白：拚命努力並不僅僅是新職員的事，管理者、領導者和身為前輩的人們，在相互的交往和互相的砥礪之中，亦會產生出傑出的人物。努力和學習會提高人的悟性，對本職工作十分盡心的管理者、領導人和前輩們所在的公司，一定會有很大的發展前途的。」

無論怎樣的傑出人物，不可能一開始就閃閃發光的，而且無論是誰也不可能剛開始就十分道地老練，只有不斷地磨鍊才能得道，才能掌握所需知識，日本有個人叫小林一三，他是阪急．東寶公司的創始人，他認為在這個充滿惰性的社會中，只要肯下苦功夫，一定能戰勝上百上千的人。他說：

由十個人組成的群體中，想要比別人有更大的成就，只要努力幹就行。一個人並不一定比其他人更行，但關鍵在於這個人自己要拚命努力。十個人共同的成就是十個人共同努力的結果，不過，在這當中，也不乏有些人在考慮自己如何偷懶、如何貪圖安逸。

總之，在這個充滿著圖安逸的惰性社會中，假使十人、百人中有一人，肯拚命努力幹的話，就一定可以取得很大成就，而且只要他能下定決心地落實在自己的行動上，便可以戰勝成百上千的人，這層道理是無庸置疑的。

❖首先要戰勝自己

現在八面玲瓏的人變得多起來了，這種人表面上與其周圍的人並不發生什麼矛盾；在工作環境中亦能保持良好的關係，這是一種人際關係的類型。有一種魚叫青鯽，是一種喜歡群居的生物，在河裏總是一群一群地游來游去，很少有看到單獨一隻的，因此非常顯眼。

這種八面玲瓏的人的生存方式並不需要鍛鍊，因為他們善於觀察人，能夠看清楚人與人之間的間隙和人性的弱點，所以可以游刃有餘地周旋於人羣之間。但從更深一層的意義上來講，這樣的人並沒有自己的人生準則。他們看重的只是被別人所賞識，因此要看他人眼色行事，拚命去迎合別人。自己會走到什麼地方去，連自己也搞不太清楚，而是根據「需要」而不斷變化和調整，以滿足別人的要求。這種人能夠看清楚自己的心嗎？他們往往怕看到自己的心，自己的靈魂，因為在那裏是一片荒漠，一片動盪不定的波濤，一刻也不安定。

人們經過努力，就能開發出自己沈睡的潛能，創造出更了不起的成績。同時如果一個人能不斷地努力，當然會得到別人的認同和尊敬。

■忠告■

不要過分地去對自己的上司察顏觀色！倘若自己需要受到上司賞識的意圖流露出來，自己就失敗了，因為那樣後，會讓自己失去了自信。我們首先需要的是經過努力和鍛鍊來戰勝自己，激發潛能，然後就可以戰勝別人了。

3 捨棄自我，換來全新的你

《正法眼藏隨聞記》在講到佛法與我心的時候說：心中無我身，外相隨它行。全然忘却我身、我心，便入了佛法，遵循佛法而行事了。

❖捨棄我心

「自我的時代」這樣的用語最早是出自於新聞界。在團體中，應該怎樣才能生存得好？對這個問題，有越來越多的人感到苦惱，這也是現代社會發展的某種趨勢。人們在探索從團體中確立自己存在的「自我的時代」，這似乎是許多人的願望所在。

日本戰國時代有個很著名的人叫豐臣秀吉，他本來叫木下藤吉郎是農民出身，也沒受什麼教育，既是處於戰國時代，他於是就投入行伍，到軍中去侍奉別人。而這個別人，就是鼎鼎大名的織田信長。侍奉人並不是一件容易的事，比如現在當職員掙薪水的上班族，必須到一個公司去上班，把自己限定在一個工作場所中，每天小心謹慎、如履薄冰地工作著，一不小心就會出錯兒的。以前的人一步失誤，主君的刀就會砍下他的腦殼，那真是可怕的時代呀！

木下藤吉郎是個很勤奮並有上進心的人，由於行事受人賞識，便開始了他的奮鬥歷程。木下侍奉織田信長，豁出自己的生命來保護主君，並且廢寢忘食地努力幹，他的才華因此受到信長的賞識，而逐漸発跡。織田信長死後，他在內部鬥爭中勝出成為實質的接班人，之後就任關白、太政大臣，並獲賜姓「豐臣」，逐改名為豐臣秀吉，発展出轟轟烈烈的一生。

豐臣秀吉到了晚年的時候，回首人生，總結出四條來——

第一、欲望不要太強。

第二、遇事不要與他人爭。

第三、任何事情都要有主見，不要隨俗而流。

第四、對事物（指職務）不要感覺厭倦。

我們常聽人說：「這個法案是我使它在議會上通過了。」「這座橋是我搶先爭取到預算了。」「今年的營業額我自己就承擔了一半」等等，這些成就都與個人的努力分不開，這是很明顯的。但是，你們聽聽，這些話當中，「我」如何、「我」如何，總是忘不了自己，實在不是件太好的事，這裡面有一種病態反應發生著，我們應當特別注意。

這種反應即使是在禪的世界也在所難免，修行參禪的人應該講禪語吧，但他這麼說：「我參禪。」這無論如何都讓聽者感到有一種誇耀之嫌。人，要捨棄自己之心是相當難的啊！

但是，如果能夠捨棄這種「我……我……」的感情，才能領悟到真正的禪，否則只能在自己的思維範圍內打圈子。壓住自我、忘卻自我，鍛鍊這樣的情懷是很重要的。要想達到這樣一種忘我的境界，就要像豐臣秀吉那樣，捨棄物欲、不與人爭、不隨俗而流，總是兢兢業業努力工作，這也就是禪之道了。

有人動不動就認為自己周圍都是一些沒有能力的或是起不了作用的人。因此，總是很注重「自己」，這樣容易養成驕氣自大、目中無人的習慣，而不利於正確認識自己。

❖捨棄自我才能真正自由

一個人要想真正捨棄自己的主張是相當困難的事，壓了又壓「我」還是會跑來的，許多人都感到沒辦法。一張口就「我……我……」地表現自己而不自覺，這實在是不好的習慣，也很無奈。人們為生存所限，決不會自行消失的唯一欲望就是「自己的主張」。所以，你讓他放棄自己的主張就好比讓他去死一樣難。

道元禪師對此有過深刻的教誨，讓我們努力學會捨棄自我，以實現真正的自由。「完全忘却我身我心」，在真正的人生之路上不斷行進。在這裏，「我」已經不復存在了，自己主張的那個「人」已經死去了，而再現出來的是活生生、真實的人，而不是之前自己認為的那種「人」。

捨棄自我，於物無心，每天努力地工作，不與他人相對立，盡可能和顏悅色待人，不與別人發生爭論。這樣一來，自己的心境也會很平和，心情愉快，對自己對別人都要暖如春日，構成一個沒有冷漠、沒有隔閡的世界。這也是許多人的共同願望。過於看重自己，以己心度事度人，很容易破壞這種平和的氣氛，造成不愉快的結果。

無論哪種人，一般說來都是自尊自愛的，因此很容易表現出自己的主張。一個人愛自己的同時，也應當愛他人。對自己和對他人都同樣愛的話，那就打開了扇嶄新的人生之門，就能處理好人際關係，使人生更為理想。

■忠告■

只有放棄了自我的人，才能偉大，才能接近人生的真實。拘泥於自我的人，無法認識真實的人生，便會生出利己之心。為了打開這把禁錮自己的枷鎖，就要捨棄自我。

4 盡量完善自己

《正法眼藏隨聞記》告訴我們：不要抓著別人的錯誤不放，也不要憎惡別人，不能總看到別人的不是，而應當自修德行。

❖問題在於結果

溫斯頓．邱吉爾不僅是一位著名的政治家，而且獲得了諾貝爾文學獎，他具有文學家的敏銳感受性。他在英國面臨著危機的緊要關頭時，在「最黑暗的時刻」登上了政治舞台，拯救了危難，使英國朝著勝利的方向發展。他的整個生涯伴隨著他果敢的堅毅性格，同時也貫穿著他隨機應變的現實主義精神，並發揮了他那幽默詼諧的溫和氣質特色。

邱吉爾的強烈個性特徵，成為各種政敵和新聞界的目標，致使一生中遭到了許許多多的非難。但是，邱吉爾就是邱吉爾，他用他的方式與敵人展開鬥爭，其結果卻總是能夠得到敵我兩方面的尊敬和愛戴。這正是一個偉大的政治家才能具有的非凡氣質。邱吉爾並不在乎他人的誹謗和攻擊，也不去抓著別人的錯誤不放，而是專心致志於最大限度地完善自己。他這樣說道：

對於別人加給我的攻擊，我並不急著去反擊，而有效的戰勝方法就是無視它的存在。我知道最好的辦法就是竭盡自己所能的去實踐自己的使命，一直堅持到最後，問題的關鍵在於結果。

❖以德報怨

羅馬時代的喜劇作家希爾斯曾經說過，對別人應當盡量寬容，而對自己決不能寬容。但是，在現實生活當中，與上述語言相反的想法不是沒有。有的人就主張「寧可我負人，不叫人負我」。這顯然是不明智、目光短淺的表現。如果我們能本著足夠的聰明和睿智的話，便可以產生博大的胸懷；而如果具有深遠的智慧的話，一定會充滿寬容之心。

人若能充分磨礪自己的聰明才智，他的心便可以發出鑽石般的耀眼光輝。這樣一來，就能夠寬容人家的失誤，而不計較個人的點滴得失了。一個德行不好的人，只要以這種精神去努力的話，也必然會生出「德」來的。修行就是培育德行，我們應當學會忘却憎恨的事和非難的事，盡量以德報怨，化干戈為玉帛，無論有什麼難處，都可以得到解決。

■忠告■

老子說：「以德報怨」。若是以怨報怨的話，怨恨永遠難以消除。在這個問題上，人無論如何都必須努力修練，把老子的聰明睿智學到自己身上來。

5 追求不留遺憾的人生

《正法眼藏隨聞記》在講到人的一生時，強調每一天對於一個人整個生命的重要意義，要求我們注重一生中的每一天，因為過去的每一天都不可能再現了。

❖時間對於任何人都是平等的

記者出身的小說家菊池寬，曾寫下這些文字——

「人生只有一番勝負，不能再度重複。」

這裡面包含著時不我予，時光一去不返之意，啟示大家珍惜時間，不要荒廢了每一天。對人來說，金錢、身體、勞動的力量和學歷等等都是有差別的，然而沒有差別的東西也有，即對所有的人來說都是平等的東西，那就是時間。時間老人是絕對公平的，無論對誰，一天24小時就是24小時，不管他是總理大臣還是大橋底下討飯的叫花子，每天都是24小時，不多也不少。時間不因你忙碌就予你恩惠，使你的時間比別人多；也不因為你用得無聊就少給你幾個小時，而讓你匆匆度日。若想時間充裕，只能在如何利用時間上下功夫，因為公平的時間對任何人都是一樣的，想要有足夠的時間，關鍵靠自己抓緊和有效地利用。

對大家來說，時間都是一樣多的，問題在於如何使用時間。豐臣秀吉在當拿草鞋的僕役時，考慮的是如何成為一個拿得好草鞋的僕役；他當小卒的時候，志向就是當好一個小卒；到了他做侍奉織田信長的時候，他的奮鬥目標就是當好一個服侍織田信長的僕人；直到他做了大名，他不惜為之努力的就是當好天下一位大名。

上述努力的結果，反過來使之掌握天下。這也是豐臣秀吉的重要體會：無論處在什麼樣的環境之中，都不要荒廢了每一天的時光，等待著理想的狀況會出現，而應當珍惜每一天的奮鬥，這也是尊重自身而不虛度年華的表現。

在現在的那些年輕的上班族當中，漸漸地滲透著一種很深的「家庭至上主義」的思維方式，而比較輕視名譽地位這類東西。這類人在工作中很盡職地忙來忙去，一到下班時間，馬上往外衝，這樣的人越發多起來了。

家庭在人的生活中，尤其在快節奏的現代生活中，地位越發重要之處，即讓忙了一天的人有得到安慰和休息的地方。競爭性很強的現代社會除了使人疲憊之外，還令人感到孤獨、不敢相信別人，而人與人之間比較冷漠，因此家庭的溫暖和情意就尤為重要了。

日本第一勸業銀行的武田滿作，根據自身的體驗，講出上班族的心聲：

> 人生的目的在於追求自己的幸福。為此，就要有一定的金錢，要達到有一定的金錢的方法，就得要到公司去工作。在名譽地位上就算沒有更大的起色，也要急於求得一個即使是最不起眼的管理職務，所以說這些人除了關心名譽地位之外，不再多關心別的東西。為了取得名譽地位，必然產生激烈的競爭。這就是現代社會的實際情況。為了在競爭中取勝，獲得優秀職員的地位，人們往往不惜採取各種手段。

追求地位的方式大致可以分成兩大類型，一種是『外在』的追求，另一種則是『內在』的追求。『外在』的追求主要表現於對競爭者採取種種造謠中傷、誹謗陷害的手法，打擊別人來抬高自己，這可說是人類最惡毒的手段。而『內在』的追求則與之恰恰相反，這種人對於自己所負責的職務，是以最大的熱情和負責任的態度去盡職，為改善公司而努不懈，每一天都抓得很緊，決不白白浪費，求真求善地生活著。這種內在型的追求地位的人，並不急於成功，而是經常不斷檢點自己的一切，不斷修正自己的言行，不斷地積蓄著自己的競爭實力……

老實說，誰都知道前一種外在型追求地位的人，是目光短淺、嫉賢妒能的可憐蟲，他們的競爭方式往往以損人開始，然後以害己告終，並不能真正達到自己的目的；而後一種內在型追求地位的人，才是有眼光、具有競爭實力的，很可能會一步步獲取地位的。但是，並不是每個人在明白了上述道理就可以做得很好的。

❖每天都應精力充沛地生活

道元禪師常常提醒大家：「今天是不可能再現的一天」，這是具有重要意味的話。對人來說，空閑的時間是比較少的，但是，對於時間的寶貴性，以及如何不浪費時間却並不一定很注意，這並非小題大作。而是如果我們能夠更認真的思考，便可以認識到：如果對於今日這樣的一天不能夠十分留心的話，那麼這一生是怎麼回事也就很難說清楚了。每一天都應當精力充沛地生活。

從禪的立場上來說，諸行無常，無論做什麼都不是沒用的。既然諸行無常，那麼在今天這一天，也就是在這一瞬間應當精力充沛地生活，不要因為虛度光陰而留下終生的悔恨。

■忠告■

不留遺憾的人生，才是人生最高目標。人生是一場與自己進行的鬥爭，可以說正因為人生是一場鬥爭，生活才有價值。的確，人生是不穩定的大海，它促使人產生勇氣和力量，向著目標勇往直前。

6 每天對工作充滿熱情

《正法眼藏隨聞記》告誡人們應當每日每時勤奮努力，人的一生不過就是無數個今日這一刻的流逝，因此，不要有等事後再修行的念頭，每日每時都是在修行。

❖「盾的兩面」——我的家庭與我的公司

龜甲萬第五任總裁茂木啟三郎先生說過：「自己的幸福與公司的繁榮是

盾的兩個面。」

而「家庭至上主義」則是與等待事後再修行的主張是一致的。「我的公司」與「我的家庭」是既矛盾又統一的。我們有著不同的社會地位和思想觀點，也就有著不同的利益和需求，由於合自己意的就滿意，反之則反感，而應當做的事也會敷衍。

個人利益與集體利益在一定的條件下是一致的，比如公司的興盛與自己家庭的幸福是有聯繫的，但也有矛盾的一面。一個人過於顧家了，在工作中就可能不負責任，甚至還可能貪圖安逸而不思進取。也有的人一心掛在工作上，不顧家，即使工作上取得了成就，社會地位也不斷上升，可是家庭生活不幸福，成天籠罩在一種淒涼孤寂的氣氛中，也怪可憐的。正確處理好家庭與工作的關係十分重要，這個問題看起來似乎很微不足道，其實，時時刻刻都在影響我們的生活和情緒呢！

總之，我們今天的思維方式、今天的行動，都是我們今後順利與否、興盛與衰敗的原因。為了將來的躍進，就須要我們發揮自己無限的潛能，努力拚搏而奮勇直進。我們應當注意從現在做起，而不應當等待事後再努力，那樣的話，許多時機就會失去了。一天到晚拖拖拉拉，等於徒然耗費似箭的光陰，而光陰就是生命，是沒有什麼「事後」可以等待和考慮的。

事實上，只有今天、今晚、這次、這時白白地浪費了，生命的價值也就隨之流逝過去。無論是「我的家庭」，還是「我的公司」，道理都是一樣的，都要注重和珍惜每天每時。這每天每時構成了人的生命過程，既包含著工作的成就，也含有家庭的幸福，不要過於偏頗而顧此失彼，應當兼得，相互協調。當然，我們都知道達到這個目標很難，所以才要每天鍛鍊呀！

❖使今日的生活狀態鮮明強烈

十八世紀德國作家尚。保爾曾說過，「只有星期日的人生，就像看一本光用大字體印刷的書，沒什麼味道。」星期日應當是其他日子的繼續，光過星期日也就失去了生活的魅力，儘管人們嚮往星期日，人的工作也應面臨著挑戰與奮鬥，才會有所進步，精神也才會充足。用單調的大字所印刷的書籍，儘管也有語調音節，但是卻令人讀來平淡乏味。

人在一天中也想稍微看看海啦，或想躺在原野上眺望浮雲飄移啦等等。可是，如果命令你一天到晚光這樣的話，那無論誰都會拒絕的。任何鮮明強烈的事物，不斷地重複也會淡而無味。反之，任何平淡的事物，其中也不乏鮮明強烈。若能從平凡之中見到不凡，方為大家。

每天的生活是平淡的，如能夠從這種平淡之中感受到鮮明強烈，並留下許許多多美好的回憶和溫馨的感覺，這對於人生是很重要的。

想通了的時候就是好日子，道元禪師並主張動心的時候，就應馬上付諸行動。時時刻刻都能燃燒起生活之火，使生活變得鮮明強烈，則明天必將是豐富且盡人意的。

■忠告■

只要把握住此時此刻，人生就不會虛度了。一個人的一生往往不是用多大成就才論斷，而是他一直以來都是盡力而為。人生是在信念與忍耐中度過的，因此，必須使今天的生活狀態鮮明而強烈

7 與人爭辯，往往得不償失

《正法眼藏隨聞記》告誡人們不要爭吵，與人爭起來總是下策，應當盡量克制，大家都是一樣的。

❖確立自己的生活姿態

日本古代的備前藩主池田光政的家臣總管叫土倉市正，是一位勇武的家臣。土倉市正這個人很喜歡與別人爭論，不辯出個是非所以然決不罷休。與他關係最不好的，是一位豪勇之士名叫中村忠左衛門，這兩個人是水火不相容的關係，關於他們對立的種種傳說很多。

藩主池田光政要挑選家臣總管，不論打仗的時候還是平時，都放在自己身邊，因此必須選擇不濫用藩主權勢的公平人物。

有一次，藩主要找一個適合當一個重要新職務，土倉市正被藩主叫來問他是否有理想人選，請他推舉。土倉市正來之後，落了座，卻講了一句使人意外的話，他說：「這個職務非中村忠左衛門莫屬。」池田光政接受了這個意見，選中了中村忠左衛門。

這件事使城中的侍衛們大為驚奇，他們怎麼也不理解，與中村水火不相容的死對頭土倉市正，卻在關鍵時刻推薦了中村。中村作為被推薦者，恰恰只有與他成天爭吵的老對手土倉最了解。通過了這件事，中村大大感動，通過友人向土倉抱歉自己以往的無禮，並使自己的歉意傳到土倉的耳朵裏。

土倉市正一聲不響地關注著這一切，聽到中村的道歉之後，他果斷地回答道：「以前我和中村的爭辯都是出於己心之舉，因此也沒有什麼好奇怪的。出於自己之心而任性爭辯其實也不是什麼了不起的問題。現在的問題是比個人爭辯重要得多的事，是為藩主舉薦身邊的人才，誰出任此職最合適，那就應當推薦誰，所以我就推薦了自己比較了解的中村。我知道中村這個人決不對任何人獻媚，堂堂正人仗義直言，是一個有信念有主見，本著自己良心真正做事的人，我推薦他很自然，沒什麼好奇怪的。」

這些話傳到了中村的耳朵裏，從此他便打消了對土倉的偏見，而且停止了兩者的爭辯，一心一意盡職去了。

「爭吵」總是一件令人討厭的事，在僧堂中修行僧們若是相互爭吵辯論，那是絕對不允許的。修行要求心靜，心靜才能達到水乳交融以通神道，在修行這段重要的時間裏，心是不能亂的。與人爭吵往往發生在弄不清自己的目標的人之間，憑著一時的感情衝動，若只是注意對方的行為而採取的作法，就很容易成為關係緊張的導火線。

但是，如果爭辯確實是出於自己的認識和自己的堅持的信念與觀點，與自己的目標是一致的話，那又另當別論了。

自己的目標，一般說來不應當與別人發生矛盾。但是，人是生活在社會之中的，不可能不與周圍的人發生各種聯繫。若能從一種良好的出發點去看待別人或者周圍同事的努力而尊重他人，反過來則會促進正確認識自己，並確立自己應當如何生活下去的目標，這也就是自己的生活姿態。

❖多注意各類人的不同意見

俄國的大文豪果戈里是個很喜歡爭論的人，在那種吵得同嚼蠟的苦味當中，他對爭論提出了一番見解：他認為與別人爭辯，容易搞得面紅耳赤，而不容易使對方心悅誠服。即使是一些細微末節也會挑起人的怒火和衝動，引起雙方感情上的對立，這是值得我們警惕的。

我們在討論問題的時候，一般還都能平心靜氣，然而一引起爭辯，就容易使人發火，人感到惱火之後，也就失去理智了，為了堅持自己的意見，而不惜百般地攻擊對方。這種時候就很少考慮自己的意見是否正確，別人的觀點是否有道理，而注重點已經集中到情感的對立上來了，因此也就會越發地固執起來，就像一座城堡漸漸變大起來，城周圍的牆也不斷增高一樣，人與人之間的隔閡就這麼築起來了，遺憾也會越來越深。

爭辯也好，討論也好，很難以勝利告終，因為很少會有自己也滿意、對方也心悅誠服的結果出現。若是採取另外的方法，多注意傾聽旁人的意見，平心靜氣地考慮人家觀點的合理之處，這不僅能使自己有很大的提升，而且對於人際關係的融洽，也是十分重要的方式。

有了小小的對立，能使之不變為矛盾很大的爭論點，而是在一種比較和睦的狀態之中，誠意地向對方說：「今天我們挺談得來，這對我很有幫助，謝謝了！」有可能的話再約定下一次的會面，這種狀況肯定有好的效果。如果連一聲「再見」都不說，拔起腿就走，那是不會有好效果的。道元禪師諄諄告誡我們，對於爭辯一類的事一定要謹慎，不可掉以輕心啊！

■忠告■

與人爭辯，就會抓住人家的話把兒攻擊人家。在這一瞬間，也就失去真理了。因此，不要失去自己的理性，不要使對方發怒，就應當避免爭辯，而去努力理解對方，使自己看到與對方的一致之點。

8 迷途知返

《正法眼藏隨聞記》在講到依佛祖之教而修行時，點撥人們要遵依佛祖的教誨，以之抵禦邪行，皈依佛道，以成正果，迷途而知返。

❖不應拘泥於自己的判斷

參禪的人都知道，「釋尊拈花，迦葉微笑」是怎麼一回事。這是禪語，重在會心。講的是釋尊在靈鷲山手拈金波羅花的時候，讓弟子們一起來體味其意。只有他的第一大弟子迦葉，真正領悟了釋尊的真意而破顏微笑。禪，不以言傳而求心結，這是一種修行的要求，也是人們所要追求的一種境界。釋尊的法門中，除去這些教說以外，其餘要求感悟的還很多。迦葉傳下來的教導，突出自己的正統性，並且炫耀自己的悟性出於正宗，彷彿真理只在己身。其實這已是自己的執著了，難以得出正確的見解，非禪家所推崇。

「人生如迷途」，為什麼這麼說呢？這種「迷」，是人生的迷惘，在迷惘之中，找不到道路可走的時候怎麼辦呢？這時候，人不能正確認識自身，離開了自己人生的起點，總還以為自己的判斷是正確的，因而不能夠迷途知返，反而越陷越深。

女子醫科大學的校長吉岡彌生先生，對人生的迷惘提出了精闢的見解：

與人的交往發展下去以後，難免發生各種不愉快和矛盾，也可能互相攻擊。到了這種時候，必然會指三道四地說這說那，必然引起麻煩來。我決不因為別人講我什麼，就方寸大亂，我就是我。儘管人生有著迷惘和歧途，關鍵在於自己要能把握自己，把握自己基本的人生準則。這樣一來，便可以迷途知返，不至於心灰意冷，也不至於火冒三丈。對任何事都採取一種淡然處之的態度，心裏別留下什麼疙疙瘩瘩的東西，攪得自己心神不寧。應當以一種豁然的態度，正視人生，反省應當反省之事，改變應當改變的過失。

總之，我沒有過不去的事，怒氣也好，辛勞也罷，過一夜就全平復了。如果一個人總是用自己作為標準去度量別人，總會感到別人這不好那不好，造成自己許多煩惱，我看是大可不必的。

吉岡先生的這些話所反映的人生態度，與釋尊所倡的不執著之心是一致的，每個人都不應當拘泥於自己的判斷，否則便會徒生煩惱。

❖下決心行道

人是迷惘的生物。一個人的一生，是不斷地產生著對人生的迷惘，又不斷地超越這種迷惘的過程。日本有個知名的作家叫武者小路實篤，他的一生就是不斷地對生涯、理想進行追求，而又不斷地感到迷惘的一生。人們正是從這種人生的迷惘與疑惑中，找到自己的人生之路的。

迷惘之時，彷彿什麼都不明白了，這時候自己生而為人的基本意義是什麼，是應當清楚的，應當問問自己：「我究竟真正想幹什麼？」自己要給予嚴肅的回答。

如果自己還明白自己的人生準則，就不應當感到過分的疑惑與煩惱，那麼，對待眼下的工作和現實的生活，就應當下決心深入進去，決心行道也是這個意思。決心行道，就能萌生出對人生的希望之芽，端正現在的自己之心的種種迷惘，徹底地感悟，以行此道。

忠告

生存在這個俗世中，人往往會產生各種不同的迷惘。迷惘來自於現在自己的工作不徹底之處。我們沮喪地叫著，同時也感到十分煩躁地活著，就這麼樣也可以活八十歲。人生如煙雲，八十年也是彈指一瞬間，要珍惜光陰，心明如鏡，排除苦惱，以行正道。

9 批評與提醒，最為可貴

《正法眼藏隨聞記》上有一段內容，是講小人沒有器量，別人說些粗俗的話，必然使之感到恥辱。現在這種小人不少，不注意不行。

❖批評與提醒都是獎賞

著名的文明堂（以蜂蜜蛋糕聞名）社長宮崎基左衛門先生，對當今社會上的一些人，進行了一番評論。他這樣認為：

對一個人注意或者批評，都正說明指出：此人已引起別人的重視。其實，人都是希望引人注目的，無論引起憎惡還是喜悅，都證明了自己的存在。在接受上司的批評或提醒時，也是自己被認識的時候。什麼都不在乎的人，也並不是不在乎別人是否注重他，超人是不存在的，超人的想法是不對的。無論是誰，如果沒有讓人認識的必要的話，誰也不會去說他什麼，這說明這個人不為別人所重視，這就是『小人』。

因受到批評而產生對人憎恨的人，真令人惋惜，這是一種劣等人；在工作中不會有大的長進的，應當高高興興地接受批評和提醒。引起注意，對於改進自己大為有益，發現別人的缺點，也應當提出來。但是，相同內容的批評與提醒，不要三番兩次地重複個沒完。

笑嘻嘻地接受批評的人是高明的，其是以樂觀主義的精神處事，而胸中總是充滿希望的人。另一種人則是具有悲觀主義的性格傾向者。例如放映《日本沉沒》電影之後，一些人非常擔心，發生恐慌，甚至搶購度災糧食。

對待批評與提醒也是一樣的，如經常保持有備無患，並虛心聽取別人的意見，而在工作中不斷改進的話，別人就會轉指責為表揚了。對於別人的批評，若是採取一種悲觀主義的態度的話，就會感到很受壓抑，彷彿自己這也不行那也不好，別人把自己看成了「豆腐渣」，工作也就打不起勁來，而且還會憎恨提意見的人，以為人家處處挑自己的毛病，一定是別有用心的。這樣一來，自己與別人的關係就搞壞了，關係一緊張，情緒就會對立，惡性循環的結果對大家都不利。

面帶微笑，用鏡子照一下自己的臉色，把批評認作是獎賞，是別人對自己的關心。以前的事情不要過分地沉湎，今天的事情今天做完。以一種亮出平常人三倍的努力，去正確對待批評和提醒，這即是人生的欣慰。

❖良藥苦口

我們即使明白了良藥苦口的道理，可是要面對批評指責而不辯解，還能把批評當作獎賞來認識，這的確是很難的。一個人之所以能夠修鍊到這種程度，是由於他內心之中有著誰也無法理解、培育著「人生的希望」的力量。希望就是目標，向著自己人生目標努力奮鬥的人，他的生活就有動力，而批評就成了培育動力的肥料，給予動力足夠的營養。如果對人生不抱希望，也就不會有奮鬥的目標，每天怠惰混日，心靈就有了傷口。有傷的人最怕碰，別人要是講點什麼話，就會十分敏感，甚至對人家產生敵意。

人是靠希望而生的。希望像太陽，照到哪裏哪裏亮。一顆放蕩荒唐之心，在希望的光焰下變成聖潔之靈，一潭泥水之中，浮現出金色之光。人類正是為希望而奮鬥，才有幸福之感。如果一個人感覺到幸福，即使受到批評，心中也是明朗坦然的；如果一個人感覺到苦惱，這苦惱便是來自於希望之火的熄滅。希望是貧困者的麵包，而給我們勇氣和力量。如果陷入了絕望，明天一定要再燃起希望，這就是人生。

忠告

一個人即使遇上了什麼事，都應當充滿希望地努力奮鬥。這樣的話，他就能夠對別人的忠告或者批評表示感激。人生中良藥苦口、忠言逆耳，或許恰是最後一滴苦藥給予你希望，使你的人生變得甘甜美味。

10 最大限度地盡己之責

《正法眼藏隨聞記》告誡人們不要過於貪求榮華富貴，而應當腳踏實地走出自己的路，別以幻想代替現實，虛度了年華，否則是很愚蠢的。

❖擦玻璃窗的人

一個信仰佛道的人，如果想以通過佛道修行來取得高官厚祿的話，那就大錯特錯了！因為其結果必然只是虛度了自己的一生罷了。這種一味追求榮華富貴而不切實際的人，即使是在俗世當中，也同樣是徒勞的。一個人只有腳踏實地、專心致志於某一職業，才有可能取得成就，這也就是修行了。

日本帝國飯店的原社長犬丸徹先生，在一九一四年夏天到倫敦去了。在大連和上海，他是躊躇滿志的，認為自己無論如何都可以修成正果。他到倫敦以後，頗感寂寞，冷清與惆悵籠罩著他的身心，他在倫敦是沒什麼門路的。每天，從新聞廣告上找工作。看到一家飯店召募廚師，他就趕忙跑去應徵，但沒有被錄取。就這樣每天跑，終於有一天被飯店雇用幹點雜活了。他的工作是以擦玻璃窗為主，當時的情況據他說明——

> 擦玻璃窗是很髒的工作，而且還非常危險。我當時對這個工作是不滿意的，是在一種做一天算一天的心境幹下去的，我原本是想到廚房去學點兒做菜的手藝。由於不滿的思緒充斥心頭，我不能完全投注在每天的工作上，所以心裏頗感空虛。
>
> 這個飯店裏，除了我之外還有一個擦玻璃窗的。這個人是一個年逾半百的男子，他每天默默地來上班，全神貫注地幹好每天的工作。我看到他這樣，心中實在不以為然。

有一天，我半帶揶揄的口吻問他：『我說啊，你每天就這麼幹，自己感到滿足嗎？』

我說完之後，他默默地把我領到廊下，指著兩側的窗子沉靜地說：『看這兒！』我順著他的手指望去，右邊是塵土堆積沒有打掃的玻璃窗，左邊恰恰相反，是經過他精心擦拭而十分潔淨的窗子，並放射著透明的光。他對我說：『你只要把兩邊的窗子比一下就會明白，擦拭才會乾淨。能使窗子潔淨這一件事，也足使我感到無限的滿足了。我自己把這個工作當作是自己生涯之事來選擇，所以我一點兒後悔之感都沒有。』

我聽了這些話，一瞬間我的心被深深地打動了，而豁然開朗起來。從此以後，我對自己的本職工作，總是認認真真、兢兢業業地做好，並最大限度地盡己之責。於是，我感到人生有意義了。

人所賴者，唯以己心。我們能盡心盡力地做好眼前的工作，就是追求幸福的至道。其間的道理，就得靠自己去感悟了。

❖暴露己心怕羞嗎？

自行車不踩的話，它就不走，想要出頭的人，關鍵在於不達目的誓不罷休。他們總是不安定地行進在出人頭地的路上，一停下來就要倒退。要想不斷前進，就要不斷修正自己，並積蓄實力，來尋找另一種新的途徑。

最實際可行的出頭方法，並不是妥協，而是能夠捨棄自己也看不很清楚的欲望，忠於自己地生活下去。反覆無常地以適應別人為準則的人，是不會有大出息的。一個人的內心一般是不願意暴露的。但是，這並不等於說暴露己心是一件羞恥之事，因為心地坦然的人，展示內心也是坦蕩蕩的。

■忠告■

人之為人是有尊嚴的，捨棄這種尊嚴而為了出人頭地，去拍馬屁拉關係，並以之做為自己的武器的人，或許是可以成功的。但是，這種人敢把自己內心暴露出來嗎？心胸坦蕩的人，才會真正感到幸福。

11 重要的是努力不懈

《正法眼藏隨聞記》上說看人能否有出息，主要看其是否有志氣，看其志達不到之時的情況。應當具有一種精神，明天該死不過今天，以之激勵己志。

❖「我行！」

有人說：「我這個人只讀過中學，反正只會居人之下過一輩子了……」

聽到這話的確令人悲傷。儘管只讀過中學，如果一步一步努力，並與命運抗爭，也是會有出息的。

作為一個傑出的作曲家，遠藤富先生也是從「多、累、咪、發」，一步一步學起的。他說——

我決計放棄當歌手的念頭而改當一名作曲家的時候，程度僅懂得『多、累、咪、發』而已，而且每天下班回來，都搞到夜裏一兩點。那時候，還要為生活奔波。我是靠吉他一點點地開始學習作曲的。我憑藉從樂器店和書店買回來的課本，看看學學便久而自通，並開始放上譜子練習，且進展順利。

那些日子，我天天都在努力作曲。由於時間緊，我必須比平常人多兩倍、三倍的努力去鑽研音樂，所以一下了班我就飛快地跑回家，把吉他的音調調準就一頭鑽進音樂之中去了。一邊彈唱著，一邊譜寫樂曲。就這樣，不知譜了多少支曲子，然而我自己卻一點兒也不自信。『作曲法』必須要在學校裏正統學，自己看著學，並邊學邊摸索是有很大困難的，我不知道我這麼一頭栽下去是否真能有所成，心裏很是不安。

有一天，我在自己常去散步的街道上的一家飲食店裏，遇到了一位中年紳士，和他聊了起來，知道他是一個自幼就很苦的人，完全靠著自修自學，而考上了關西大學。這位紳士對我講了一些話，使我很有感慨，他說：『只要下決心，沒有做不成的事，重在努力堅持下去，別在乎勞苦，就會有所成的。』

這番話給了我很大的鼓勵，使我增添了奮鬥的勇氣，我說：『我行！即使沒有受正統教育的機會，靠自學也能有成。』此後我的自信便大大增強。『即使任重道遠，即使中途有激流高山橫阻，我也要翻過高山、越過大河，為創作大眾音樂而獻身！』這就是我的決心。

從此，遠藤富不斷地奮鬥，就在那間很小很窄的公寓裏，他後來為人所頌揚的名曲便一支支地在此誕生了。人的才能有區別，有的人聰明，有的人愚笨，但是，在這個世界上人的真正聰明與愚笨，往往是自己的志向決定的。人無志再聰明也是愚笨的，無志之人必將一事無成。反之，有志者事竟成，從某種意義上說，只要努力就沒有做不成的事。

❖人是不能用智能指數決定的

十九世紀的德國，有個活躍的詩人叫里爾克，他曾經說過：「愚者在最後，聰明人在中間，大智之人用第一步來捕捉目標。」這是基於對歐洲人的分析所得出的看法。

但是，道元禪師認為，不一定使用「智能」就可區分出賢者與愚者來。「賢者七年才提出的疑問，而愚者一個小時就能提出更多的疑問」，這是有差別的。

然而，道元禪師認為人的智慧與愚蠢，是根據志向來判斷的。他認為人類的賢者與愚者，並沒有頭腦的智愚之分，只有志向能反映出一個人的智愚來。無論頭腦有多麼愚，只要下定決心立志修行，也會有好的發展。

在修行過程中，如果得到悟性，人則會變得聰明起來，志向也越發堅定。反之，若修行半途而廢，則志向也就頹廢了。人生中，應當把立志作為畢生的事業，並為之不斷地艱苦努力，從奮鬥中即會萌生出新的生機來。

■忠告■

用智能指數來識別人的現代社會，這種作法是不可取的。道元禪師提出應當以人的志向的牢固程度，來區別人生的差異。一個人應當時時刻刻一步一個　印地努力，這樣的人生才是可取的。

12 透過現象看事物本質

《正法眼藏隨聞記》勸誡人們不應當以自己的觀點去衡量社會中人的言行，這樣會看不清事物的本質。不要急於下結論，而應當客觀地認識事物，而不存個人的偏見。

❖不要把事情想得太困難了

豐田喜一郎是著名的汽車經營家，他也有一套專家的訣竅。他很重視資金的累積，以不斷地追求技術更新，而為他在激烈的競爭中立於不敗的根基。他認為沒有錢什麼也做不成，因此，拚命地減少資金的浪費，並注意把錢用在最主要的地方，時時累積資金，使之最大限度地發揮效用。一、是合理化，二、是注意節約，這是豐田公司能有今天的主要原因。多少年來，他們一直都是忠實地恪守上述準則的。

道元禪師說過，用自己的標準去衡量世人的言行，恐怕是不行的。這裏邊所包含的人生哲學，與達觀的人認為沒必要把事情想得太困難的觀點是一致的。人不應當有更多的畏難情緒，總是以己心去度世間，過於主觀了，問題便認識不清楚，行動也就往往不正確。

一個企業，用10元的生產成本生產出產品，用11元的價格賣出去，這是很正常的。如果11元的價格沒人要的話，就以9元的價格賣出去，這就無利可圖了，這樣的企業就得關門。然而，雖以9元賣出，而想辦法降低成本，讓成本僅是8元的話，那9元的賣出價格也是有利可圖的，這是極為簡單的道理。所以說，看問題要全面，不能僅靠個人的主觀意識去判斷世界，也不必把事情想得太困難了，只要努力幹，總會有路的！

但是，現在的企業中，如果經營效益不太好的話，經營者往往找客觀原因，並羅列出一系列的理由來推卸自己的責任，這種情況是挺普遍的。以私心來衡量事物，想盡法子推卸自己的責任，這些在禪的世界中是受排斥的，「私曲排斥本道」，我們如果能夠排斥個人私心，沿著前輩們建立起來的修行之道不斷前進，那就必然能夠遵從本道，修成正果了。

❖無私無欲天地寬

一九八一年二月，塞布羅夫斯基修道士結束了他那救人施惠的九十年生涯，他的恩德永遠留在人們心中。同年二月廿三日，羅馬教皇保羅二世來到日本，宣布他是一位傑出的傳教士，並出色地完成了他的使命。這位被稱頌的傳教士，來日本傳教已經五十多年了，一直忠心耿耿，使人十分感動，許多人都流下了眼淚，為他那種純粹的精神所打動。

傳教士生前一直愛用的帽子、鞋和皮箱都是補了又補，修了又修。尤其是皮箱，那是他親手修補過的，補釘累累，甚至他的住室中有一條毛巾都破成了穗子，著實令人感動。他的朋友都勸他換換新的，可是他總是說：「我看到這些東西就不會忘記貧苦的人們。」因此，他一直無私無欲地生活著，不斷地普渡眾生。

對於真正天真爛漫無私欲的人，如果政府授給他勛章的話，他還會躺在床上想：「天國裏可沒有這玩藝兒！」也許讓人看來挺可悲的。其實，一個人真正達到了無私無欲的境地，才是真正偉大的。

■忠告■

不為衣食物欲所累的人是傑出的，這是由於他們捨棄了私欲，修鍊到了一定的功夫。這樣，人就可以獲得自由，不為外物所束縛，離本道就越來越近了，無私無欲地自寬。

13 不為名利所惑

《正法眼藏隨聞記》對於參禪學道之人，提出要求，希望他們誠意修行，必然啟發菩提之心遵佛祖之道，以勵世人，以成正果。

❖眼睛不要盯著名利

釋尊在修行時期的身份是菩薩，到了開悟以後才成為佛，立志成佛的修行者，在修行期間與釋尊一樣都可以成菩薩，這是道元禪師的觀點。如果考察大乘佛教的一般方法，達到菩薩之前叫「聲聞」、「緣覺」，道元禪師所述，即是一針見血地抓住了本質的觀點。

道元禪師說：「雖然自己還沒有達到佛的境界，但先渡他人接近佛心，即發『自未得渡，先渡他』之心，也稱『發菩提心』，這是很重要的。這種『發菩提心』，可以說就是想他人比想自己於先之心。只有在心中清晰地萌生了此心，這樣的人就會成了菩薩。現在，在此學習佛祖之道的學道之士都是菩薩。自己一邊修行，一邊就可以自己體會菩薩之心了。當自己可以自覺地以菩薩之心修行的時候，也就入了本道了。」

野村證券所的第三任總裁奧村綱雄先生，在處理工作問題時，總是很尊重對方，始終不為他人的名利地位所束縛，使別人很願意與之交往。他精通道元禪師所說的——「現在修行的人就是菩薩」這種觀點的精髓。工作上等下等之分，地位也不能決定人的善惡。始終集中全部精力於工作當中，便能體會出本物（事物的本質、實相）是什麼。當一個人致力於工作之中，就是傑出的人，也就是菩薩。

奧村曾經說過：「我不喜歡與顯要職位的人打交道，即使是主管以上階級的會面我也挺心煩。在工作中我必須與人打交道，在意見不同的場合，我通常可以理解對方。有的時候必須把工作結果向上司報告，從上至下的方式我不適應，從下至上則是我的習慣作法。」

在日本社會中，名利代表著一個人的社會地位，若沒有耀眼的頭銜，對一個人來說則是很難受的，比如與人交往之時，掏名片都感到難為情。扇谷正造提醒人們不要憑頭銜辦事，可見這股社會風潮的激烈。道元禪師也反對重名利，主張佛道修行，使人成為「聲聞」、「緣覺」、「菩薩」等等，佛道精進了，也就有了菩提之心。一個人如果希望普渡眾生之心高於希望自己成佛之心的話，這樣的人就是菩薩，無論誰達到了這樣一種境界，都可以成菩薩。奧村先生走的實際就是這樣一條路，這是一條成功之路。

❖避開名利為友情

一個人如果以考慮他人的幸與不幸為首先之事的話，那麼他自己的幸運也就在他為別人的考慮之中實現了。道元禪師就是這樣認為的。以站在對方的角度來考慮問題而採取行動，往往容易為人接受；多替別人著想的人，別人也會為他著想；站在對方立場來考慮問題，許多問題就容易理解了，人與人之間的關係也就會融洽。但是，若僅僅以對方的地位來考慮而採取行動的話，就不免奴顏婢膝或者盛氣凌人，未必是有好效果的。

大眾傳播媒體報導關於鐵路營運的批評是很嚴厲的。車站的副站長和部下的關係一直比較好，對部下的工作亦比較同情。他說車站的服務工作是很辛苦的，每個服務人員一天到頭總是很忙碌的。一個不小心，旅客有意見，給你往新聞媒介告上一狀，我們這個車站就夠受的了。

當然，這位副站長並不光是護衛著他的部下，而是出了問題他能替部下考慮，並為他們講話，而主動承擔責任。但是在平時，他也對部下嚴格要求，並且不拘泥於自己的地位並以身作則地努力工作，故這個車站的人際關係處得比較好，工作也有了很大改進。

■忠告■

人若是被強制，心裏都會不痛快，因此當主管的別以為自己的地位高高在上，便對部下採取一種強制的態度。因能打動人的首要還是心被打動，若能從一種友情、理解的角度去要求別人，其效果比憑藉地位發號施令肯定好得多。

14 不用人誇自奮進

《正法眼藏隨聞記》上講人們若願修行，修鍊菩提之心，其菩提心發與未發、行道不行道，不要在乎世人如何看，而要注重自己的修鍊，以求得道。

❖重視今天

日本著名的企業家土光敏夫的人生觀就是全神貫注於今天，他領導了臨時行政的財政改革。他雖然有著重振東芝公司的雄厚實力，但每天的生活卻很簡樸。他奮鬥的目標並不是以財經界總理的身份登上群星薈萃的舞台，而是以一種純粹、簡樸、質樸純真的精神，來追求人的生活真諦。

作為人，其生存的根本是十分重要的。根據一個人如何看待和度過「今天」，就可以分別出人的生活方式的不同類型。一種十分重視「今天」，因為人生就是由無數個「今天」所組成的，因而最大限度地就是把今天過好，過得有效益、有意義；另一種人則認為今天不過是明天的前一天，過了今天還有明天，因而並不抓緊每一天，而是寄望於以後，於是光陰就這麼地流逝了。土光敏夫是屬於前一種人的典型，他注重每一天，並把認真度過每一天視為發菩提之心的每一步。這在一般人是很難做到的，但他卻　踏實地把每一天利用好，而發揮出更大的效益來。

土光先生這麼說：

每天早晨當太陽升起來的時候，我都感覺到每一個新的日子開始了。當我們在開始於一天的新生活之際，過去無論多麼偉大的人的經驗，都變得陳舊而無足輕重了。過去再有效的經驗對於新到來的一切，都無能為力。因此，在這寶貴的時間如何有效地利用方面，我們應當下更大功夫去研究和施行。無論做什麼工作，過去的一切已經過去，即使直到昨天還在繼續的事情，今天也不會原封不動地重複。因此，有必要認真總結以往的經驗，去開始新的工作之時，過去的理論和現成的把握社會的本領，已不足為新的情況所完全接受，而應當在總結以往經驗的基礎之上，不斷地創新，以適應將要開始的新的一天。

人的腦細胞大致超過了一億，在實際的活動中不斷地新陳代謝。一個人即使達不到禪的精神境界，至少應當在做一件事情的時候，時常把自己放在面對一張白紙的立場上。不要先入為主地主觀認為如何如何，而應當是面對一張白紙，以此為出發點，去開拓創新，繪出更新更美的圖畫。

從禪的立場出發，是不太重視明天如何的。人的生命如同朝露，瞬時即逝。什麼時候生命將完結，誰也不可能知道。磨磨蹭蹭地虛度年華是沒有道理的。應當全神貫注地認真度過「今天」，不虛度如箭的光陰，才是我們應取的人生態度，此外的生活之路皆是不存在的。

因此，每天早上的決心是很重要的。無論是道元禪師所主張的修行發菩提之心，還是在現實的商業社會亦是如此，最初的決心十分重要。一覺醒來，現在這一瞬就該下定決心，毫不動搖地對自己說：「我要努力！我必須奮鬥！」不要反覆考慮，猶猶豫豫，下定決心就去做！不要過分強調這種決心，更沒必要讓別人知道自己所暗暗下定的決心，一定要變成自己的行動。就拿佛道的修行來說，也沒必要非得對不修行的人反覆宣傳：「修行吧！修行吧！」這就容易誤了別人所要走的道路。人的道路在於他自己的選擇，更在於選擇之後就去走的堅定之心。

❖以無私無欲要求自己

魚上鈎，只要是在於牠看得見魚餌而看不見餌後的魚鈎，所以貪嘴而喪命。人也一樣，利益如同魚餌，人若貪圖利益，就容易招致大的禍患。近來許多人為了當官、發財之類的利益所誘，而倒大楣的也不少見。這是我們應當注意的啊！

道元禪師說：「『我為公司帶來利益』這樣的話最好不要說，默默地努力工作，就能體會到人類的真正幸福。」與其讓別人都知道自己的業績，不如踏實地地做好每一天的日常工作，這就是做人的正道。

有的人很喜歡拉大旗做虎皮，比如有的人打出財經界首富瀨川君的招牌，說什麼「瀨川是我的晚輩呢！」之類的話，以之招搖撞騙嚇唬人，其實很可笑。尤其是一些當著自己的部下吹噓自己如何有實力等等，都是很淺薄的。一個人應當以無私無欲來要求自己、約束自己，以不必為人所知的決心來努力奮鬥。

忠告

熊澤蕃山曾講過：「仁者之心若山岳，無欲乃靜。心為名利所誘必將亂，無私無欲則天地寬。」以無欲之心，面對一張白紙一樣的世界，努力去繪美麗的圖畫，就會摒除災禍的侵擾。

第二章

活出自己的風格

——對自己的信念充滿信心

15 培育自知之明

《正法眼藏隨聞記》要求人們經常檢點自己的言行舉止，在不斷地自省過程中，能夠產生了解自己、認識自己之心。

❖檢點自己

如果一個人能有自知之明，那他對自己的一生就能夠好好地把握，並沿著自己的理想和願望去奮鬥。

道元禪師認為，萬事萬物均有自己的「自知之明」。梅花，知道自己的屬性而在寒天裏盛開；雲彩，知道自己的特性而在空中以變化莫測來展示；水，正因為有自知之明而自由地流淌。

日本協和發酵會會長加藤辨三朗先生，是一位熱心的念佛者，其信心的深度是凡人所不及的。他是如何認識念佛這件事的呢？他曾經這樣說：

> 有的人以為念佛可以不得病，也有人認為念佛能發財，或者覺得念佛能帶來公司的發展，或者感到念佛能治病、養生、長生不老。更以為念佛是在念一種驅魔咒文，可以保平安、保萬事如意，這些想法可大錯特錯了。
>
> 實際上，真正的念佛與上述的認識完全不同。什麼病啦、傷啦、錯誤啦、責任啦，誰也不可能因為念了佛就轉嫁出去了。在這個世界上，一切責任都不可能推卸。然而，念佛能使人明理，無論遇上怎樣的境遇，念佛人的心總能處在一種感謝的境界，感覺到自己無論遇到了什麼，都是生活的豐富內容而已。

很明顯，這是一種境界。通過念佛修行達到這樣一種境界的人，更有一種超凡脫俗的意識產生。這時候，無論有怎樣的境遇，都能泰然處之，懷著一種自知之明的精神去生活，心中充滿了感激之情。人在自己的生活道路上，經常能檢點自己是很重要的。人類在生存的過程中，沒有誰總是一帆風順；而完滿的人格者，也不過是能夠戰勝生存的困難，和不斷地自我完善的結果。

❖貴有自知之明

中國的哲人老子說過：「知人者智，自知者明。」這是受到許許多多人注重和喜愛的律己格言。了解自己比認識別人還要難。要了解別人，經常去喝喝酒、聊聊天，就可以大概知道了。而且對別人的評價很自由，往往都是根據自己的主觀判斷去對人家下結論，其實未必真正注意了別人，下的結論也未必客觀。與此相比，要正確地認識自己，對自己下一個正確的評論就要困難得多了。明治時代有位教育家叫杉浦重剛，他曾經講過這麼一句話——「世界並不可怕，唯怕自己。」

認識世界與認識他人，都屬於自己去判斷評價外物，一般說來，只要智力健全，加上沒什麼偏見，做出評論並不是一件難事。可是認識自己就難了，人最大的失誤往往是不能正確地認識自己，或過高地估計自己，自我感覺良好，自恃甚高，以為自己是「一朵花」，別人都是「豆腐渣」。於是，在行動中便會盛氣凌人，趾高氣昂、頤指氣使，與周圍的環境不融洽，自己也很苦惱，但很難找到原因。所謂「手電筒只照外」，就是這個意思。一個人多看別人短處，再過高的估計自己，必然處處碰壁。

另一種不能正確認識自己的類型是過於「自卑」。這種人由於失敗或挫折，心理素質不好，當遭受到打擊之後，往往從一個十分自傲的人，一蹶不振變成自卑者，而沒有勇氣去幹自己本來可以幹好的事，也沒有能力去解決出現的問題。這種人很容易因些微的挫敗，而對生活喪失信心。自卑的人還有一種屬於氣質型，這種人不一定要受什麼挫折，而是生性膽怯、內向、卑微，當環境再不給他們鍛鍊和顯示才華與能力的機會寺，久而久之，便隱而不顯，彷彿與世無爭，實則是生活的消極者。

因此，人的自知之明是立身之本，正確地認識自己，才是正確認識世界的基準條件。只有這樣，自己的生活才會是愜意的，事業也才會順利，一個不能正確認識自己的人，是不大可能成功的。認識自己是一個過程，要經常不斷地檢點與反省，看看自己的足迹，便有利於把握和認識自己。

忠告

要經常檢點自己的心，搞清楚自己究竟是怎樣的人，不是從「形」上，也不是從「姿」上，而是從內心實質上的真正認識自己。對於「色」、「香」之類的，不要圖一時的安逸，這些東西是過眼煙雲。關鍵要知道自己的心，然後才能成為心的主人。也就是說，一個人要有自我認識、自我反省的精神，才能真正認識自己、了解自己，然後才能把握自己，認識世界。

16 發掘自身的寶藏

《學道用心集》說：自家的寶藏不自外來，遵信佛道的人，須在自己本道中感悟，不迷惘、不顛倒、沒有增減、沒有謬誤地體會佛性，這就是最大的寶藏。

❖自我心中有寶藏

職業棒球手張本勛，於一九四〇年六月出生在廣島，當他五歲的時候，廣島發生了原子彈爆炸事件。張本勛在廣島讀小學、中學，以後又做過點買賣，一九五九年的時候入東映公司，突然成了「新人王」。兩年之後開始成為棒球首位打者，在以後的九年中，創立了日本職業棒球的最高紀錄。一九八一年十二月張本勛開始成為南韓職業棒球委員會最高特別教練，開始幫助南韓發展職業棒球運動。他對自己心中的生活基點有著深刻的認識。

他說：「中國和韓國都被一分為二了，在我們的父母或者祖父母的時代，都眼睜睜地看見過同胞之間互相殘殺、血肉塗炭、滿目瘡痍的情景。到了我們這個時代，即使忘卻對立，也多少有些成見，沒有人沒體驗過仇恨。但是，即使如此，為了免除後代子孫相互之間的怨恨，我願意做出自己的努力。即使要經歷一個世紀到兩個世紀，我相信總有一天被分裂的國家或許可以統一。我就是要通過發展棒球運動來促進和平統一事業的發展，窮我畢生之精力也在所不惜。以亞洲作為一個整體，通過棒球運動可以增進相互之間的理解和交流。」

張本勛曾在廣島把自己的經驗通過電視告訴觀眾。第二天，廣島球場為之轟動，他成為大家尊敬的對象，許多人向他行禮致敬，為他的誠實和勇氣所感動。現在，細心玩味他的話，感到他講的與道元禪師所說的：「自家寶藏不外來」有著很大的相似性。也就是說，大家都應從自省中發現可貴的東西，而不是主要求諸於外力。

人類最重要的是心靈美，心靈美不是外求所致的。外求之寶是不現實的。真正的寶藏就在自己心裏，關鍵在於自己是否善於發現和去發掘。

❖發掘自己心中的寶藏

道元禪師認為人總是容易注重到自己以外的東西，遠的東西看起來美，近的東西反而看不清楚。「鄰居的草坪」看起來總比自己家的潔淨，自己總感到一種愧疚。這說明了一種「欲望的外向性」，自己的家卻成了空的了。這是人的一種迷惑。

中國人講「老婆是別人的好」，孩子們總感到「人家的東西吃起來比較香」，這些都是欲望外向性的反映。離自己越近反而看不清楚，也不知珍惜了，往往要到了即將逝去才知可貴。

自家的寶藏肯定是自己之心的寶藏。也就是說必須是自己心裏感覺和認為寶貴的東。人若迷惘，一生悄然而逝；人若感惑，生命如白駒過隙。

以佛之道為人生真實之路，至此便無迷惘、無感惑、無顛倒、無謬誤。

這裏所謂的「無」，並不是純粹的沒有，而是不斷地抵禦和消長的過程。心中有佛道，便能抵禦迷惘、謬誤，而不為之所動。信尊佛道，並非直線，人心中有豐富的寶藏，當它被埋藏之時自己也不清楚，一旦被發掘出來便能知其珍貴。

發掘自己心中的寶藏，不必求助於外力，只要重在自己內省，以走入真實之途。

■忠告■

一個人有勇氣擔負起自己生而為人的使命，那他就是一個真實地生活著的人。努力地拚搏，始終如一，是他心中寶藏在發揮效力。要善於自省，不斷發掘心中的寶藏，不要求諸外力。即是所謂「君子見諸己」的道理。

17 開發自己的悟性

《正法眼藏隨聞記》要求修行之人重悟性，在坐禪之功中不斷體會感受，悟善惡好壞之哲理，行佛祖諄諄之教喻。

日本京都的龍安寺，以其石庭院著名。那是用小碎石子和大塊岩石點綴而成的庭院。當深秋季節在夕佳停裏喝著茶，觀賞金閣寺的紅葉，那真是一番別緻的情趣啊！日本人常以此為滿足，在石庭中對坐，面向龍安寺院，秋日的夕陽暖融融的，有什麼可以比得上在石庭前拜佛更令人深感親切的呢？這是幸福的時刻。作為日本人真是幸運呀，只有石頭和砂子，便能表現出悟禪之道——

使我們的眼前浮現出那蒼蒼茫茫的大海，海上點綴著連綿起伏的島嶼，海水與蒼天一色，不時露出一排排雲峰般的島巔。正面的油土牆很協調，表現出宇宙天地之「大我」，而面對石庭間我們的「小我」，則在「大我」寧靜的氛圍中，感受到清心之為美、真心之為動、世上塵濁為之澄清。與石庭合一之我心，原封不動地進入禪之極地。

坐了大約一個小時左右，就完全滿足了，然後繞到方丈室後邊去看一個洗手的盆，裏邊的水是否滿了。這個盆上刻著——吾唯知應知之事（我只知道應該知道的事）不論什麼時候，只要看到這些字心都會被打動的。中間的「吾、唯、知」幾個字有點看不太清楚了，但文字所表達的意思很有意義，故到今天仍然流傳著。

大雲山龍安寺是在一四五〇年由義天和尚根據平安朝以來的大德寺山莊舊跡（由細川勝元開創）而建立的，是一座禪寺。在這座禪寺中，能夠明白「禪是什麼」？

一、禪不是神的宗教。

二、禪是沒有特定的偶像的宗教。
三、禪是崇拜「自己」的宗教。
四、禪是發掘自己的自覺的宗教。
五、禪是認識「吾心之悟」的宗教。
六、禪是「無」、「無我」、「無心」的宗教。
七、禪是指導現實行動的宗教。
八、禪是「我只知道應該知道的事」的宗教。
九、禪是「此地即蓮花國，此身即佛」的宗教。
十、禪是至終極關切的「斷命根」的宗教。

命根就是我執，斷命根，就是不要我執，要放下。現代社會，帶來人們個人的失落情緒和不安定的感覺，但這些問題不是禪所注重的善惡等等問題，禪是要求人們自己檢點，自己把握。或者說禪什麼也不要求，而是靠人們自己去感悟這個世界。現實社會正以千變萬化的姿態展示在世人面前，使人猶疑，使人眩目，若心如明鏡，則身外無物，這即是禪的境界。

❖衣衫襤褸而心似錦緞

道元禪師說過人再富再貴，滿目金銀，身價百倍，都與一個人真正的悟性沒有什麼實質的關係。假使就是為了悟性而不惜修造漂亮、宏大的堂室，其結果也會適得其反，不過炫耀其金碧輝煌而已，只會阻礙修行的。

我們在前面已經給大家講過土光敏夫這個人，他的節約清貧之道是很著名的。為了給他慶祝金婚紀念，他的親朋好友歡聚一堂，他的孩子們到飯店預約了宴席。這本來是很正常的，像土光先生那麼富貴的大企業家，這根本算不得什麼，可是，他却堅決反對這麼做。他說：「這麼做我是堅決不贊成的，根本不該如此奢侈！」於是便改在家裏舉行慶祝儀式，家裏人親手燒點菜大家歡慶一下，他高高興興地參加了。

聽說土光先生平時一般都是一菜一湯，十分簡樸，為自己的親朋好友做了表率。他的行為向人們展示了一個道理，那就是——「人不能為金錢所動」。日本有個歌唱家名叫水前寺清子，在歌中曾唱道：「衣衫襤褸而心似錦緞。」倘若一個人能夠達到這種祥和的境界，還有什麼可以使之敗亡呢？

忠告

即使我們過的是清貧的生活，也不會因此而動搖我們純真的信念。反之，一個人若為名利欲望所限，則一生煩惱憂傷必多。除去欲望並非易事，但心中的財富豐盈了，外物的利欲便會變得微不足道。當我們心如錦緞之時，豈會為外物所惑？

18 質樸儉約，人生之寶

《正法眼藏隨聞記》告誡人們不要太貪財，一切物欲不過是過眼雲煙，人為身外之物所累，必無遠大志向。守財之人必苦於財，此當切記。

❖以質樸儉約為人生之寶

刀根浩一郎是日本經濟新聞文化部部長，他寫的《我的履歷表》被拍成電影。上場的人物中有一位母親。他把做母親所應具備的條件歸納為五個方面：「一、是非常勤奮，愛學習；二、是沈默寡言而心地善良；三、是具有信心；四、是以質樸儉約為生活準則；五、是為人光明磊落。」

這就是能夠培養出有出息的兒子的賢母所應具備的條件。而我們現在的母親們是否都具有這些條件呢？這實在是個問題呀！

有人說：「時代不同了。」好像這些條件都可以不要了，講這話其實十分簡單，一天也不做什麼事，而東拉拉西扯扯的，也沒有什麼信仰，不過是浪費人生罷了。這樣怎麼能培養出優秀的孩子呢？自己若不以身作則，言教還不如身教，這對孩子的成長影響很大，是會把孩子害了的。當然，另一種母親十分溺愛孩子，孩子要什麼都極力去滿足，全家以孩子為中心旋轉，生活上奢侈浪費，沒有質樸儉約的好習慣，嬌生慣養出來的孩子，長大以後走上社會可就要吃虧了，這樣的教育，將使孩子很難適應於社會。

質樸儉約是人生之寶，道元禪師一再告誡人們不要為物欲所累，要經常磨礪心之寶物，使之光芒四射。

■忠告■

不管是誰都會想住豪華的宅邸，並以此為家度過自己的一生。但是，住在豪華的房子裏的人其人品如何呢？是否有著豐富的慈悲心呢？

有了富裕的生活條件，人就很難再思進取，也就很難再回頭重過艱苦的生活。若是再懷疑別人，不信任人，就會走上自身的絕境。照照鏡子吧。

19 千里之行，始於足下

《正法眼藏隨聞記》上講：佛道者，初發心之時即成佛道，成正覺時亦成佛道，初中後時仍可成佛道。

❖千里之行首步艱

路要走，人生在逐漸消逝，萬里之行在一步步的行進之中。一千里中，一步步在其中，千步也走在其中。最開始的第一步被稱為是與其他一千步不同的，但就行千里而言，一步與千步又無質的區別。在一步之中有千步；千步之中又是由一千個一步所集聚而成的。出發點上的第一步如果被視為旅途的內容的話，那麼經幾千公里而到達的終點同樣也是旅途的內容。

富士銀行的創立者安田善次郎先生，是一位熱中於儲金的人。其儲金的哲學，即注意最初的起步，又重中途的發展，把整個過程視為一致。他說：

要說存錢無論誰都能夠，可是這當中並不是所有的人都可以真正堅持做好這件事的，大體說來，主要有以下四個阻礙：

第一、最初，想一下子存很多錢，而實際卻做不到。起點太高，反而不行。

第二、有很多人存錢只是想要面子，因此也不可能堅持下去。

第三、有些人想變成百萬富翁而突然興起所致，聽信了別人的話而克己之心又太薄弱，故而半途而廢。

第四、有些人不願意一步一個腳印地努力攢錢，而只在最初時努力，過不多久就急於求成了，從而徒勞無益。不知道『積腋成裘』的道理。

總之，存錢的要訣在於——決心、實行和堅持，這三者必須一體化，否則不成。

安田先生的儲金哲學說明，最初決心於「一個錢也要存起來」，這一點是十分重要的，其間含意在於「千里之行首步艱」。接下來，實行也不可忽視，有了再好的計劃，若無漂亮的首步，若無繼續實行，仍舊白費功夫！這裏的實行內含日日修行的意味，不休止地精進努力，把存錢看成一種修行的過程。就這樣，也還要注意到這終點的問題。特別應當注意繼續修行的毅力。一個人即使按原計劃地完成了他的行程，也要檢查其實際作用。錢存夠了也不是很難的，但以存錢來修行，以期達到「三昧之境地」，自身是否真正感悟到了，那可未必。

「儲金三昧」，亦即修行三昧。僅存一塊錢也確實是存了錢，存上一億元也是存錢；一塊錢也是存錢，一億還是存錢；一塊錢之中含有一億元，一億元之中又含一塊錢。這裏邊的道理光靠說教是不行的，關鍵即靠自己去悟、去體會。悟、體會等等，關鍵又在於自己之心，問題就是己心亦即思維方式。堅持下去的力量來自何處呢？而有了決心之後，為什麼不會隨者各種環境而變化呢？這裏邊含有深深的禪意，領悟之人，便可以我行我素，一個心眼地走自己修行之路，而不會半途而廢，這就是人生……

❖朝向目標

有言曰：「有志之人立長志，無志之人常立志」。最初的決心好下，而要堅持下去則難，因為無論下了多少次決心，到時候仍然會不斷地變化，這是我們都深有感觸的。怎樣才能「實現我志」呢？即是堅持不懈地修行，並一生孜孜不倦地努力。

如果你對自己說：「好，我開始存錢！」那你就得有安田善次郎那樣的決心，從頭到尾堅持不懈，一點一滴地履行自己的誓言。通過自己的一生，永不懈怠地朝目標前進。

忠告

忍耐和努力的過程都不好受，但這種苦味卻是人生中不可或缺的一味，而且堅持到底，將會苦盡甘來，修成正果。這美麗的果實，感化著生生流轉的人們，給他們以溫馨、欣慰與和煦。

20 捨棄私心，追求真實

《正法眼藏隨聞記》上講學道之人應當捨棄私心，不為世情過於累心，不為世事、家事和己身而過分勞心。

❖以誠待人

曾辦過一九七六年轟動日本政界的「洛克希德飛機公司」受賄事件的大案子，在執行特別檢事（檢察官）時，其人員主要是由河井檢事所召集組成的。

河井是這樣看待人生的——

「如果認為人生最重要的事情是為了晉升和保身，這就曲解了人生的信念。做為一個領導者，必須具有決斷與負責任的覺悟，不能似是而非地把責任推給部下，這種人最卑怯了，責任應當明確。我對各界的領導都很尊重，但並不為了保身而緘口不言，而這種狀態在日本成了一股風潮。我從幼年時代起就在早晚上下小學時，暗記一些『正信偈』之類的經句，對後來認識自己和如何行事有較大影響。」

一個以追求真實之道為生的人，首先必須捨棄人情世故。為了晉升或保身而扭曲人生信念，就失去了人生最重要的東西。捨棄私心正確地認識自己，堂堂正正地生活，這比什麼都重要。

❖捨棄私情

一個人的欲望是無限的：想成名、想發財、想住好房子、想加入高爾夫協會……欲望是「惡」之源，從欲望到「惡」的道路是平坦的，人有過多的欲望就很容易發展成「惡」。我們如果不注意這個問題，就容易走邪道，進入「惡魔之途」。儘管誰也不願意走上一條這樣的道路，但一旦走上了想出也出不來了。

捨棄私心，走上「德門之道」是非常艱難的，必須有足夠的勇氣和毅力。「德門之道」相當深遠，需要有超乎常人的意志力才不致半途而廢。捨棄了私心拚命努力，就能行進在「德門之道」上，修鍊靈魂之美，人就會淨化、品格自然會高超。

道元禪師說過，要捨棄迎合世俗的心，無論如何都不應當被一己私情所束縛，否則修行也沒用。想在這個世界上出人頭地的話，就會失去自我；如果拘泥於私情，就不能達到靈魂之美的程度，應當捨棄私情。

■忠告■

「萬事開頭難」，但即使如此，要想有點作為就得開好頭。這好比爬山一樣，不僅要登好第一步，而且還要堅持下去，秀美的景色總在崎嶇險峻的地方。捨棄私情，開始也很難，甚至比較痛苦，但逐漸就好些了，最後就會達到「無心」的境界。故首要之道，在於走好第一步。

21 尊重他人，身心純淨

《正法眼藏隨聞記》人應當尊重他人，以之為平等者相待。若居高臨下，就是隔著兩三尺遠講話，也會說人覺得好像其臭無比。用仙人之法可以淨化凡人，使人們脫俗昇華。

❖注重儀表尊重對方

商業性質的公司也好，一般公司也罷，對待人接物的風度舉止都要求很高，不能給別人一個很不舒服的感覺。作為一個職員，無論一天多麼忙，都得對自己的風度儀表十分注意，尤其是與對方談判，若讓人家看不起，那就很不容易取得成功了。因此，服飾、言行舉止之類的都得比較注意些，讓人看了舒服潔淨。

在現代社會中，年輕的男性對服飾髮型之類的，也開始像女性一樣細心注重了，賞心悅目成為人們追求的目標，不注意這些的人很少。同時，也應該注意尊重對方，注重和講究自己的服飾儀表，本身也是對別人的一種尊重。若能盡量理解對方，站在對方的立場上來對話的話，許多事就容易成功得多了。

以前，人看人的時候先看衣服，連大聖人孔子也在去朝廷的時候換上好衣服，百官上朝亦如此，穿得破爛連宮廷的大門也進不去。然而，有時候也會看到破爛的衣服穿在德行高深的人的身上，反而顯得像國王的美服；再好的衣裳穿在無德之人身上，也顯得很不協調，容易為人所蔑視。這是很值得注意的事啊！與我們前邊談的待人接物禮節一樣，乾淨清爽地打扮也是很重要的，決不可忽視這個根本，而把精力全放在如何打扮上，因為神形分離是不可能有好效果的。

人的服飾應與他的身份、年齡、氣質等等相稱，只有這樣才能平衡勻稱。也要有德行，有德之人才具有內在氣度，而使人產生好感。最澄大師說過：「道心之中有衣食。」我們能對自己的工作盡心盡力、全力以赴地做好本職工作，也就有相稱的服飾和必要的食糧為之提供必要的條件。

忠告

將身上梳洗乾淨，清清爽爽地出門，再到花園裏去嗅嗅令人沁心入肺的花香，是多麼令人愜意的事啊！這也應該注意一個程度問題，使人愉悅快樂的，首先應當是自身清潔，心地純淨。

22 遵循師教，摒棄我念

《學道用心集》說：參師聞法之時，必淨身心，靜耳目，身心如一，如器瀉水。

❖澤庵和尚與宮本武藏

吉川英治寫了一本膾炙人口的名作《宮本武藏》。

吉川總是說：「自己之外皆吾師。」從中不難看出他是一個謙虛好學之人。這種態度由劍俠宮本武藏表現出來，完全能夠打動讀者的心。

在生活上，宮本武藏是以澤庵和尚為師的，努力學習人生的真諦所在，以鼓勵自己生存的勇氣。他在澤庵和尚指導下參禪，很想完全領會師父的心性。他被稱為劍俠，是很相稱的，同時他也是一位達人。

在當代社會中，誠心誠意隨師學徒的人少了，許多人沒有這樣的機會，也沒有多少人願意誠心誠意地教弟子，因此要學點真東西，並付諸實行是極難的。但是，像澤庵和武藏那樣結下不解之緣的關係，也並非完全沒有。

大日本麥酒社社長柴田清，就是在馬越幸次郎的直接指導下成長起來的。馬越先生是日本麥酒的創立者，他直到九十高齡，都還在社長室服務，並親自站在經營的第一線。接受馬越先生教育的柴田清這樣說：

「根據馬越先生的教導，健康是人之根本，養生的方法主要有三：第一是身體的養生；第二是精神的養生；第三是『身代』的養生。」

一般人都以為說到養生必然是指身體的養生，而馬越先生加上了後邊兩項內容，則是十分有意義的；因為精神的養生，主要是生活上、經營上要放寬心，不能整天心力交瘁。為此，必須學會保養精神，不過分勞神，注意休息，心的負擔不能太重。使自己總保持在一種心清腦明的氣氛之中，不必為一些煩事，攪得自己心神不寧。總之，精神的養生是使精神處於一種豁然通達的狀態，即心胸開闊，遇事樂觀，並保持一種良好的精神狀態。

「身代的養生」並不是指存些錢什麼的，而是說要在生活中保持與身份相稱的消費和裝飾，不要講究排場或貪圖虛榮。

如果我們能把這養生的三個方面都做好的話，就達到了馬越幸次郎先生教導的境界了。受師之教，重在自己實行，以繼承師道。

一位教育大師曾說過：「能夠啟發學生獨創的表現和對知識的熱愛，這就是做教師的最高之術。」

■忠告■

不能按自己的意願去教別人，能教的只是人格的感化，應以自己的努力、悟性來幫助別人。亦應當教人以清心之術，啟發學生自己努力，因材施教而不生搬硬套。

23 不求名利，追隨正師

《正法眼藏隨聞記》應該將追求名利的行動，變成學道的心願與志向。一個人如果能夠遵從老師的教誨，追求正法，才可以稱為得道。

❖ 悟性生於何處？

日本國寶級的畫家東山魁夷，被人們譽為日本畫壇心像風景的大師。他的作品，寧靜致遠，清徹空靈。往往能使在競爭激烈社會的人們的心靈，悄然歸遁於恬靜優美的境界之中，那麼，他的這種風格來源於什麼地方呢？

一九〇八年七月，東山魁夷出生在橫濱市的海岸邊。在他的記憶中，小的時候他常常夜裡哭泣，母親把他揹在背上。他是在港口紅磚倉庫的陰影中、在海潮所特有的氣氛中長大的。

在對紅磚充滿深情的憶想和眷戀中，一九三一年，他從東京美術學校日本畫系一畢業，就到用紅磚建成的德國柏林大學留學去了。他之所以未去法國，又避開美國而選擇了德國，是因為他打算把這裡和那以日本畫為主要的內容的環境作一個鮮明的對比。

「來到外國，在和用紅磚砌成的堅固世界的接觸中，回過頭來再看看日本，感到眼界開闊了。港口城市，作為和外國頻繁接觸的地方，我生長在那裡，並在那裡觀察著外國與日本的交往。預想著這種交往的結果和它對我所產生的影響。我在關注著日本的命運。」

東山魁夷的這些話，透徹明白、樸實無華地表現和反映在他的作品中。可是在他年輕的時候，他並沒有搞繪畫的條件，體驗的只是貧窮的生活，而且他還在這貧窮的生活中，進行著更為貧窮的旅行。獨自一人，與風景、自然進行對話和交流。「和野草對話交流時，我的身上，彷彿是在產生著什麼東西。」對此，他有著深刻的感受和印象，並留在自己的記憶中。他曾平靜地說：「我仍然沒有該有一個穩定的家的感覺，所以我仍繼續旅行。繪畫之路，或許是個無邊的地獄。」

有許多的人為追求名利而畫，役使自己成為畫商。比起那些專心和自然進行交流的人，這種人還是相當多的。

東山魁夷的繪畫，師法自然。在堅持不懈地描繪自然的內在精髓的過程中，構築了自己的內心世界。很顯然，他不是以名利為目的來描繪他那貧窮的旅程的。

在此社會環境下，有些人為了追求名譽與地位，逐日奔波。不惜背著人性，用盡機關權術，出賣朋友、陷害他人，以達到和滿足自己的欲望。可是，這種生活是可悲的。每當深夜、萬籟俱寂、獨自一人時，便猶如隻身陷入黑暗的深淵，久久難以自拔。這種生活，難道還有什麼值得誇耀的嗎？遵循老師的教誨，將未來的生活納入人生的正常軌道，才可算是得道。

❖捨棄名利之心專心工作

「做這活兒，給多少錢？」現在，有的人不管做些什麼，都要有名譽和利益。這種風氣到處蔓延。大概是從學生時代就養成了「計時取酬」的習慣。那時為了生活，不得不一邊讀書一邊打工賺錢，在電影中，我們有時會看到這樣的鏡頭：女工訴說著多少時間給了多少報酬等等。但是，在另一方面，鑽研學習佛法的人們，從老師那裡接受教育，並不領取報酬，而老師也不會報酬。這是因為老師及弟子都不是為了追求名利而教授學習佛法的。坐禪的過程中，也沒有去想將來是否會成為名人。

■忠告■

一生中即使累積了許多財富，也不會在進入另一個世界的時候隨身帶走。平常要是因為過於炫耀而被人盜去，更是糟糕，因此只好裝窮以藏富。與其如此，還不如跟隨正師，專心致力於做人的修行，造就新的人格。

24 師教隨身，時時感悟

《正法眼藏隨聞記》演講佛法的高僧，對於聽眾，不注重其身份高下，不觀其容貌美醜，不論其為人是非好壞，一視同仁。

❖浪子可回頭

出生在越前一個偏僻鄉村的北野元峰禪師，童年時代，是在關東的寺院中度過的。在寺中當小和尚，早晨起來，要把寺院的每個角落都打掃得乾乾淨淨，然後頌念經文。打掃庭院也屬於一種清苦的修行。但是，年幼的禪師，對這件事總是認認真真，毫不馬虎。就這樣，長到了二十歲。就在這一年，他的母親忽然病重危險，得知此事後，他連招呼也來不及跟別人打，就匆匆忙忙地趕回了越前，這是他出家後第一次回到家中。

看到自己的兒子長大成人，成了一個僧人，病重的母親眼中立刻湧出欣悅的淚水，並微弱地喘息著，對元峰說：「我每天都在想著你呀！」聽到這句話，元峰回想起往日那艱苦的修行，感到如同過眼雲煙，一下子就飄逝去了。「我佛無所不在，我母親也是心中有佛呵！」此後，他便設法為母親求醫治病。

兒子虔誠孝敬之心，使母親的病體重新恢復，逐漸痊癒。這時，元峰也該返回關東寺院了。在母親身邊，他對父親說：「我還要接著去修行。將來如果沒有什麼出息，我就不會再次踏進北野家的門檻。」躺在病床上的母親聽到這話，拉著元峰的袖子說：「哦！哦！可別說這樣的話，真要成了沒有出息的和尚，也一定要回到家來。」

元峰在走向佛途的同時，發現了母親這位無名的正師。所謂正師，既不一定非得穿戴得衣冠楚楚，容貌也不見得要十分出眾；另外，即使生來就落魄貧困、不是上層階級人士也無妨。對於元峰來說，他的真正的老師就是他的母親。

一般說來，如果成了名僧，就會受到世人的稱讚，也就沒有了寂寞的痛苦；可是一旦成為沒有出息的僧人，大概就會連個朋友也沒有了。

❖不要拘泥於誰讀佛法

「那個和尚，資質很好，而且聰明伶俐，在聽讀佛法時，總是一副虔誠恭敬的樣子。」

「啊，是不錯呵！我們這些方丈，經過修行鍛鍊，平時顯得眼光嚴厲，表情也嚴肅，似乎有些難以接近。」

這是一位前輩做法事的時候，和坐在旁邊的老太太談的話。而道元禪師面對著講授佛法經文的師父時，就不會對某個和尚的出身說三道四，也不會評論其相貌如何。只顧去議論別人的缺點，就很難聽進佛法，所以還是不要逢人就說三道四的品頭論足。

人如果只是生活在精神世界的表面，那將落後於真正的人生。面對著一心一意讀頌經文的和尚，不必過分注重其風格等外表的形式，而是要認真聽取他所讀的內容，同時還應虛心請教。總之，時時注意聆聽佛法，用自己的心靈來感受理解，明天就會是光明的。

■忠告■

真誠的語言，具有使人奮進的力量。以前，有一個人想要自殺，在路上碰到一個小孩，隨意地高聲喊著：「啊……啊……」這個人聽了之後，忽然大悟，於是放棄了自殺的念頭。真誠的聲音是神的聲音，不必拘泥於是誰說的。

25 不拘我念，依遵師道

《正法眼藏隨聞記》說：如果能交往眾生，不固執己見，遵從師教，修鍊內心，將容易成為得道之人。

❖遵循師教堅定不移

人在一生中，都曾有過失意低沈的時候，以畫薔薇花聞名的西洋畫畫家林武先生就曾有過這樣的經歷。他曾經說：

「那是三十年前的時候，我一張像樣的畫也畫不出來。每天拿著畫筆，面對著畫布，一個月、半年、一年過去了，仍然什麼也畫不出來。一般來說，不管畫什麼，都要依靠自己的能力，要有這種自信心才行。這樣，每當畫畫的時候，才有可能在腦中迸發出靈感，然後出色地完成自己的作品。事實也的確如此，當我缺乏信心，感到絕望的時候，觀察能力便明顯下降，甚至經常懷疑自己是否具有繪畫的才能，還曾想要放棄這一行。這種狀態大概持續了三年之久。」

有一天，林武先生讀到了達文西的筆記。其中有一句話說：

「能夠超過老師的人，才算是出色的。」

這句話，使他受到很大震撼。

對呀，我以前總是追隨在大師們的身後。我應該把從前輩身上所學來的東西，化作自己身上的能力，用自己的雙　站在大地上，同時設法超越他們。就像從父母那裡學會走路的孩子，應該努力達到不再依靠父母的力量而能夠自己走路。

於是，我重新面對畫布，感到渾身充滿了力量和激情。在一年的時間裡，默默地畫著。我開始能夠畫出一些東西來了，並逐漸有了自己的風格。這些蘊含著我的心血的作品，受到一些人的讚賞和較高評價時，我的自信心也隨之增強。從那以後，我這個一文不名的窮畫家畫出來的作品也往往被訂購一空。

林武先生經由觀察，分析前人向許多藝術大師學習而達到的「結果」，感到有必要改變一下自己的學習方法。不僅要學習大師及前輩們的繪畫，更要著重學習「怎樣」才能達到那種水平和境界。

不與社會上的人交往，只和自己家中的人接觸，這種人往往性格孤僻且做事獨斷專行，不曾有什麼大的出息。而如果能不固執己見，並遵循師教，然後沿著這條路一直走下去，人生才會光明，前途才會遠大。

❖在實踐中尋找正路

意大利天文學家伽利略說：「不能光依靠別人，而應由自己來幫助自己。」教育「應當教授思考的方法，而不是思考的內容。」

道元禪師也認為，如果能和潛心於佛教修行的人生活在一起，每天耳濡目染於禪，那麼也就等於進入了禪僧的生活。而且在禪室生活過程中，要注意老師的言談舉止，加以學習模仿後，再變成自己身上的東西並進行實踐，這也是很重要的。僅僅按自己的想法，從自己的立場出發來做事，是不夠的。要以老師之心作為自己之心來生活。

那種以自己的想法為推測，總是拒絕部下或上級的看法、意見，甚至加以曲解的人，則令人感到可憐、可悲。而拘泥於自己的看法，為自己的認識所局限，或將自己的內心世界隱藏起來，不願使自己的視野更廣闊、內心世界更豐富、靈活而又誠懇、樂於接受他人意見的人，其人生恐怕會是寂寞痛苦的。

忠告

現在已經是每個人都具有評斷方式的時代，特別是青年一代的評斷力是很出色的。他們的不足主要是幼稚，幼稚的局限使這種評斷力難以充分發揮。這就需要他們不拘己見，在實踐中學習。

26 蓬生麻中，不扶自直

《正法眼藏隨聞記》說：如果在霧中行走，不知不覺間，衣履會潮濕；如果接近智者，不知不覺間，也會變成能人。

❖近朱者赤

蓬生麻中，不扶自直（句出《荀子勸學》）。即蓬草生在麻叢中，不必扶持自然挺直。過去，有一個侍奉俱胝和尚的少年，小的時候，從未見過他什麼時候學習過佛法、什麼時候修行過。他自己總是毫無概念，專心致志地侍奉著和尚。但是，因為長時間陪伴在潛心修行佛法的俱胝和尚身旁，自然而然地也就對佛教經義有所領悟。

他長期立身陪伴在坐禪的高僧身邊，當然也經常陪著坐一坐。有一天，無意之間，忽有所想，對坐禪的真正意義頓然有所領悟。這如同在霧中行走，即使打著傘，衣服也會潮濕；遊覽鮮花盛開的花園，衣服也會染上花香。同樣，經常接觸正直友好的朋友，不知不覺中，自己也會變成好人。

松下幸之助（松下電器事業的開創者）被譽為經營之神。在他身邊工作的職員，學習掌握了松下經營學，自然也成了松下集團的成員。這即是濃霧漫繞身旁，衣服也會潮濕的道理。

「拚命賺錢，讓這種念頭經常纏繞著你，這是首先要讓人明白的。如果用的得法，一定會出現令人振奮的局面。在這種思想指導下，努力製造產品、出售商品，自然會獲得適當的利潤，這些利潤不斷累積，也就達到賺錢的目的了。

如果賣掉了一種商品，仍然還要調查了解一下這種商品真的好用嗎？充分表現出誠意，自然會受到顧客喜歡、信賴。我剛開始做買賣時，就是這樣做的。由於在工作中能夠認真實行，所以很受顧客歡迎，從而我們的信用度也隨之提高了。」

在這樣的老師身邊學習商品經營之道，不僅僅限於禪的境界方面，甚至連老師的整個人格都要滲入學習者的身心，同時又不失其自身特點。由此可見，所謂近朱者赤，就等於是說只要碰到了好老師，那就如同幸運已經來到了身邊。

❖心隨尊師

史賓塞是一位英國哲學家，關於教育，他曾這樣說過：「教育的最大目的不是知識而是行動，教育的核心在於使人形成一種性格和特點。」

對於松下幸之助來說，他的哲學，就是依靠行動來教育職員，而不是靠知識。他希望全體職員體驗他的這種實踐，並要求他們從自己的行動中來學習這種實踐。本田宗一郎也有同樣的理念和看法。在公司工作，為的就是自己的利益。把個人利益和公司利益相分離而進行工作，這種作法不會長久。他還注意把這種生活方式和思想灌輸到工廠職員中去。

有的企業由於率先採用松下模式或本田模式，發生了很大變化，根本原因在於它們旁邊有出色的老師和能幹的前輩，所以不知不覺受到了影響。可見應該注意、受到某種影響，就將走向某種生活。

■忠告■

內容豐富的生活方式是很重要的，但是，僅局限於豐富本身，不可能有健全、長足的進步。而那些總是注重模仿受尊敬的前輩、老師，至少是要接近他們的生活方式的人，才會避免這樣的不足。

27 燃燒自己，照亮別人

《學道用心集》說：時機有如良材，正師好似工匠；縱使有良材，卻不得工匠，仍然難以新奇出眾。師有庸明、悟有偽真。

❖以批評和反抗為槓桿

禪是不表於文字的。不遇正師，不得正悟。如果遇到正師，不管是什麼樣的劣材都可以雕琢成器；如果遇不到正師，不管是什麼樣的良材，也難以表現出其本來的優秀素質。

作為一個普通人卻表現出非凡才能的三井不動產商的江戶英雄先生，在人才教育問題上，提出年輕人應當孜孜不倦地努力學習，盡量擴大和其他人的接觸。他說：

> 我從年輕的時候，就一直很注意擴大和人的接觸，結識了很多的人，這對自己的事業和工作是非常有利的。超越利害關係的人際往來，有利於擴大個人的社會視野，使社會得到改善和進步。
>
> 在學生時代，我受到了一些社會主義理論的影響，但是，在我身上，仍然形成了自己的社會觀和行為方式。沒有批評和反批評的社會，是不能進步的。在近來名聲不大好的三派系全國學聯裡的那些不惜拋棄生命的成員中，誰能保證將來不會出現成為日本重要的人物呢？工會中的幹部也一樣。這些年輕人，一興高采烈就容易衝動。但是，如果從另外一個角度來觀察這些年輕人，他們能夠不考慮個人利害得失，不在乎犧牲個人時間，為了工會群眾的利益而不惜一切地進行鬥爭。這些，不都是難能可貴的嗎？可以說，經由教育，從他們的成員中，將產生出未

來的公司的幹部。我對這些人的前途寄予厚望。我甚至曾經想過，我現在如果年輕，一定要當一名工會會員或工會負責人，站在他們的前列。不過，這顯然是做不到的，所以我感到極為遺憾。

前幾天，在經理會議上，全國學聯活動幹部出身的畢業生應徵之事成為主要話題。作為對許多股東和職員負有責任的領導人，不能雇用那些一心想破壞現狀、用大棒逞威的學生。但是，我要是個私人商店的老板，我確實有這樣的想法，使用並培養這些有氣魄的年輕人。

全國學聯的活動幹部精力充沛過人，其中還有一些能人才子。對於他們，是進行打擊還是加以培養，應當是不言而喻的。總而言之，即使有了良材，沒有正師，也是無所作為的；另一方面，即使是劣材，如果遇到正師並能充分利用時機加以認真培育的話，就會很快表現出他們的優良本質。

❖增強自己承擔責任的能力

道元禪師是一位真正的教育家，他充分掌握和了解學生的內心世界，從正面否定了在教育問題上存在有劣材與良材之分。尤其是他認為這不屬於學生的素質問題，而是教師的「優劣」問題。

十九世紀意大利作家喬萬尼・維爾加說過：「教師是一支蠟燭，燃燒了自己，照亮了學生。」在企業中也是一樣，把教師換成企業家，也仍然適用——「企業家是一支蠟燭，燃燒了自己，照亮了職員。」

■忠告■

只在口頭上承擔責任而不見諸行動，這是一種明哲保身的行為，但不過只是一塊落井之石罷了。而迫使他人承擔責任，往往會失去幫助你的人。一切都在自己，如能這樣想，才是正道。

28 受教之後，重在施行

《正法眼藏隨聞記》說：自己的歷史是由自己寫的，從而留下一本自傳。這傳記之中有自己。如果能專心加以書寫，傳記中會有所體現。

❖「青年要胸有大志」

已故隨筆家森田女士就是這樣一個人。她的父親，是北海道的開拓者之一。但他很尊重札幌農業學校的第一任校長克拉克博士，並很欣賞博士的這樣一句話：「青年要胸有大志。」從札幌農業學校，出了新渡戸稻造、內村鑑三等許多思想家。森田女士的父親，時常帶著附近的孩子們，從札幌坐上十五分鐘左右的火車，到輕川的蘋果園去吃蘋果。吃過飯盒之後，他總是有一番諄諄教誨：「我刻苦勤奮，多少有了一些產業，可是錢這種東西，不管是誰，都想要積攢一些就能積攢一些，人的偉大是確定它的使用方法。你們大家可不能忘記克拉克博士『青年要胸有大志』這句話，並要牢牢記在心中。青年活著就要有理想。」

森田在女校學習讀書，三年級時因為生病不得不中止了學習。但仍然牢記父親的忠告，「青年要胸有大志」，且奉為座右銘，以此時時勉勵自己這顆受到挫折的心靈。

❖留下一粒黃金

努力過的人「即使變成灰燼，也要留下一粒黃金。」這是一句多麼閃亮的語言呵！道元禪師也是具有這種心靈的人。他自己身體有病，經常臥床，但是，仍然把自己的病房當作道場，專心修行，他要堅強達觀地生活下去。

這種生活方式，在弟子們的心上，打下了深深的「印記」。這個「印記」是磨不掉的。弟子們更加注意將師心變為己心，並決心把它傳給後代弟子。這個「印記」，從一代弟子傳給另一代弟子。在道場中，一個又一個人被打上了這不可磨滅的印記。即使變成灰燼，禪的精髓也要變成一粒黃金留下來——像金子一般的心靈，從一代人傳向另一代人。

在企業競爭中，充滿了爾虞我詐。想從中取得一些公平的報酬，那是徒勞的。所以，不如放棄這種期待，使自己的心靈像一粒粒閃閃發光的黃金那樣生活著。

忠告

即使生活不如意，也不要自暴自棄。現在雖然流行「隨波逐流」、「身不由己」這兩句話，但是，這兩句流行語中缺乏生氣。作為一個人，真正的生活應該是努力成為：「即使變成灰燼，也要留下一粒黃金。」

第三章

捨小欲，存大志

——不要耍小聰明

29 生氣勃勃，意志堅強

《正法眼藏隨聞記》發心悟道完成於剎那生滅（即剎那的短時間內，也有生滅），如果沒有剎那生滅，必須嚴禁此前的惡念惡行。

❖企業和人，每一瞬間都在變化

在這個世界上，所有的東西都在變化。巨大的岩石在海浪的拍擊下發生著變化。如果你看到三陸海岸的變遷，就會承認這一點。在船上瞭望松島，會更清楚地看到海岸受到侵蝕的樣子。連堅硬的岩石都會發生變化，那麼其他東西顯然也會發生變化。

道元禪師儘管強調引導佛教修行之心的重要性，但是，如果說這種發心總是很堅定，不會發生變化，那顯然是不可能的，指出這點是極為重要的。即使我實踐「自未得渡，先渡他人」並決意潛心修行，但萬瞬變化中，很難總是保持這種心境。即使偶有所悟，那也在隨後的瞬間消失了。因此，如果是剎那間消失的發心悟道，在修行中也必須時時給予高度重視。

出身住友銀行的百瀨結先生，與那些一心想進入銀行的大學生說：

> 我剛來住友時，同時和十三個剛畢業的大學生與小倉正恒先生見面。小倉正恒先生直截了當地問道：『現在住友正處於危難時期，這時如果對國內政要施行賄賂，顯然會在政策上幫助住友的危機。在這種狀況下，如果把這種使命委託給你們，你們會怎麼樣？』
>
> 回答是各式各樣的。我回答說：
>
> 『住友的事業是依靠踏實經營的作風建立的。因此，凡可能引起不測的作法不應考慮，即使萬一出現天災人禍，發生不測風雲，出現了危

險，如果是我，對於這樣的使命，大概會拒絕的。』

小倉先生一聽到這話，馬上大聲說：『好！那些表示為了銀行利益將接受使命的人不能進入銀行。』

住友曾幾次瀕臨危機，因為金融界時時刻刻都在發生著變化。重要的是從這些變化中捕捉住每個瞬間，利用這種變化並依靠自己的意志戰勝每一瞬間的變化，爭取主動。

❖大局著眼小處著手

有人說，人間社會「比小說還奇妙」。的確如此，有許多事情，離奇之至，難以想像，出人意料。因此在生活中，不要覺得自己會永遠一帆風順。那種總是步步坦途的情況，是很少和很有限的。只有把變化看作是生活中的基本規律、正常現象，才有可能不管遇到什麼意外情況都能夠從容對付，泰然處之。企業也是有生命的，由於經營者的能力的高下不同，企業的狀況就有好有壞。

「現在正是上升時期，要更加努力，不然的話，不進則退。」對於下屬發出這種號召，給他們鼓勵，是很有必要的。但是，真正的強者應該認識到：「一旦停止上升，接著可能就會下降。而走下坡路的時候，往往會出現意外情況，這大概就是所謂的禍不單行吧！要努力不使上升轉變為下降，或者轉化為緩慢上升的曲線。」前進中的每一瞬間都充滿了勝負。如果在這每一瞬間都能竭盡全力、立足全局，掌握主動，才是人生的強者。

■忠告■

即使陷入逆境，也不要絕望。人類社會是不斷變化著的。在這變化的潮流中，總是可以行船的。既有淺灘，也有深流。如果在每一瞬間都能看清水勢，奮力揮槳，出路就在前面。

30 堅定信念，不怕誹謗

《正法眼藏隨聞記》既有慈悲心又有道心者，雖然受到愚人譏諷、誹謗，卻不以為苦。對誰無道心者，也待之以有道，慎記之。

❖寧取五合不取一升

有很多人，為了使自己的人生過得更有意義而不懈地奮鬥著。一般說來，那些考慮著怎樣才能使這有限的人生過得更美好的人，從那些平庸地度過每一天的朋友那裡，是得不到什麼鼓勵的。這是為什麼呢？除去其他原因，那就是因為一個人的能力越強，他所受到的非難往往就越多。如果沒有一種寬容的精神和堅強的毅力，恐怕很快就被壓垮了。

日立製作所，是沒有依靠財閥的支持而以自主獨創精神建立起來的公司，是真正以技術為立身之本的公司，由小平浪平先生所創建。一九四七年三月，小平被美國占領軍流放時，他指名要笠戶工廠廠長倉田主悅常務擔任公司負責人。在這項人事變動中，倉田並不為新聞界所熟悉，而他們也不想了解倉田。這樣，就使倉田陷入了全面的窘境。可是，另一方面，整個日本都在議論這件事情，對倉田總裁的非議和衝擊也越來越激烈。

倉田從仙台工專畢業後，進入日立公司，一直潛心進行研究工作。升遷、調薪總是在別人的後邊，平時也寡言少語。這一次卻平步青雲，確實出乎別人的意料之外。一時間，各種議論沸沸揚揚。有人說：「公司總裁中的悲劇，沒有比前總裁小平浪平更大，也沒有比前常務池田亮次更有趣的了。倉田如果想要一下子就把工作推動起來，顯然是不可能的。從他自己的人生觀來看，他是個喜歡一步一個腳印向前走的人。可是，儘管他拚命地幹，他仍然是『寧取五合不取一升』。吃小虧占大便宜嘛！」還有人說：「要求技術室嚴格細緻是應當的，可是房間狹窄卻不管。」等等議論不一而足。對於這些中傷誹謗，他一概充耳不聞。每天只是考慮職工和董事會的情事，一心開展推進公司的工作和事業。

一九六七年十一月廿八日，在董事會上，倉田主悅宣布退休。這個時候，大家對他的評價是「日立公司的中興之主」。因為在他的領導下，日立公司變成了日本具有一流技術體系的大型公司。倉田主悅在會上說：「對於我這個八十老翁來說，沒有必要要什麼退休金。為了貫徹施行我的『振興日本技術』的願望和主張，我要退回這些退休金，即使這是『滄海一粟』，我也感到心滿意足。」而後，他把全部兩億元退休金悉數退還給公司。

❖誹謗中傷置之度外

沒有比自己的想法、志願被人曲解更令人痛苦的了。人們往往稍一認定某事該是這樣或那樣，就很難改變這種想法了。因為人們習慣於按照自己的想法來判斷是非。一個人如果總是很固執，那麼他就不會有太大的發展。

日立公司的職員們原以為「這回的總裁，像個行動遲緩的人，看來公司要完了。」可是後來却覺得：「現在的總裁，是個一心一意工作的人，而且不要求特殊待遇，很適合技術型的日立公司。」他們的看法的改變，前後經過了二十年的時間，由此可見習慣意識的作用。

道元禪師認為，如果自己有慈悲心，即使遭人誹謗，也不會感到委屈和苦惱。如果自己下定決心要在自己身上修行並實踐佛教精神，那麼，不管是誰加以誹謗，都可以看作是對自己的考驗和鍛鍊。而對於那些沒有求道之心，却裝作很有興趣，以圖求得一些讚許的人，却要提高警覺了。

努力工作的人，現在雖然受到誹謗、中傷，但是如果能堅持不懈，仍然沿著自己的路走下去，下定決心不動搖，不再受那些嘈雜的誹謗之聲的影響，就會不斷前進。

■忠告■

人是極其保守的，總是害怕改變現狀。身邊一旦出現和自己想法不一致的同事，就唯恐避之不及，　得遠遠的。對於每一項新的計劃進行非議嘲諷，是這種人的生活原則。

31 不計功過，一心奮鬥

《正法眼藏隨聞記》說：我使我心向善，並使世人向善。是心皆善，則將對其他置若罔聞，一心遵從佛道。

❖磨鍊自己的人格

長谷川如是閑先生是《朝日新聞》一位敏感尖銳的評論家，他曾在「大阪朝日」的首次東西田徑對抗賽中，對最後一天的馬拉松賽作了激動人心的報導：

因培養了日本老一代馬拉松運動精英而聞名的名古屋中學校長日比野寬先生，被稱為『馬拉松王』。他已經四十歲了，還參加這場比賽。比賽一開始，他就精神抖擻地向場外跑去。但是，當所有的運動員都已經返回並到達終點時，日比野先生仍沒有回來。太陽漸漸下落，觀眾席上人也散盡。聯絡員傳來『他還在跑』的消息，因此，裁判等工作人員沒有離開，仍然等在逐漸暗下來的運動場內。

終於，在騎著自行車的聯絡員的保護下，日比野先生吃力而又緩慢，但仍然保持著正確的姿勢，在工作人員稀稀落落的掌聲中，進入了場內跑道。當他一跑過終點，工作人員便一擁而上，支撐住他就要倒下的身體。

正在終點附近的我，看到這番情景，不禁感動地流下淚來。多虧周圍已經一片昏暗了，我一個人站在大家後面，用手帕捂住了臉，怕別人看見了難為情。這時候，眼前彷彿突然出現了我在潛意識中樹立起的一種理想化的生活模式的影子，這影子浮現在我的面前，使我大為震驚。

比起那在數萬名觀眾雷鳴般掌聲中頭一個跑到終點的『冠軍』來，日比野先生是落在最後面的，然而，也是在這位最後的選手那堅持不懈的努力之中，我的心中頓時充滿了無以言喻的激情。

周圍終於暗下來了，我獨自一人漫步走著。我感到對待生活不要失去希望、不要膽怯，捨棄平庸懶惰，而永遠充滿對人生的勇氣與信心。這些，就是我從這場馬拉松比賽中得到的最大效益和啟示。

❖拋棄你的虛榮心

一般說來，人總是希望別人說自己好，希望聽到別人的稱讚。銀座的高級俱樂部，要花很多錢才進得去，大公司的經理們常聚集在那裡，這是什麼原因呢？當我們向他們的夫人們詢問的時候，她們會直率地回答：「他們想在那裡聽到稱讚！」

道元禪師卻不大主張人們在乎這些稱讚，因為這些稱讚是虛榮心的滿足方式之一。能力強的人，欲望也強，這樣的人精力充沛，熱情也高，但不容易客觀公正地認識自己，往往看不起別人，自以為是，而且還容易一遇困難、挫折就灰心喪氣、一蹶不振。

人應當盡量克服一種特性所帶來的必然弊端，比如說一個人能力很強，同時又能謙虛謹慎；一個人性子急，但除了雷厲風行之外還能粗中有細，凡事不馬虎。這是不容易做到的，但人的價值是否正由於這「不容易」呢？

有能力的人，其精神、肉體都有很大能量，非一般人可比，如果他們有很好的涵養，謙虛謹慎，並有很好的道行，拋棄虛榮心的話，他們就不會在表面上顯示自己，甚至不誇耀自己的長處而以之為自然，一心走自己的人生之路，這就是人世間的修行。

忠告

按照自己的信念生活的人，不注重他人的讚賞。相反，卻可以從別人的批評和反對中吸取養分，增進自己的信念。當然，不應做得太過分了，反失其真。所以，專心於內心世界的自我修養而不靠外力，也能不斷進步，這才是最重要的。

32 衣食住行，皆有準則

《正法眼藏隨聞錄》認為：各人命運天分大致有定數，不必過分在這些方面下氣力，也不必過分地注重自己。

❖關於生活中的衣食住行

大企業家們，自己真正花掉的錢僅僅是很小一部分。說起來這錢好像也是上天給予的東西，但就和自己的孩子一樣，即使是自己的東西也沒辦法由自己隨意支配。為了培養孩子，使他們順利成長，為之付出了相當的代價。可是孩子一長大，就不是自己想像的那回事了，這是誰都知道的道理。

人們付出了一生的代價來追求的東西，反過來却使自己的自由越來越少。如果早點兒明白這個道理，最好就早些放棄只攢錢的人生，這樣一來就能夠變成恬淡清寧的人了。

事實上，只要稍微換一下觀察問題的角度，就會發現：創造金錢的，或許反而是很不值錢的。這是很可笑的事，因為人的生命，就像風中的枯枝片葉，是無比脆弱而不堪一擊的，故就算你長壽的活到八、九十歲，並攢了一輩子的錢，但你總有告別世界的一天吧？你又能將之如何呢？

人到老的時候，越老越富裕的例子也不少，很少聽說誰老了却因饑餓而死。對於人們而言，每個人無論怎麼活法都會度過自己的一生，雖不一定長壽，但總有個衣食住行的準則，否則自己就得陷入窘境。也就是說：富有富的活法，窮有窮的活法，怎麼都能過一輩子。若能無愧於天地而生活著，總那麼勤勤奮奮地，像小蜜蜂似的，再加上旁人的相互幫助，這樣的人怎麼可能失去衣食住行的條件而活不下去呢？那是不可能的。

當然，也並不是說錢不重要，只是對錢要有一套自己的準則。否則如前所述的那樣，一輩子讓錢給制約住了，連自由都沒有，那也太可悲了。

❖斷欲望之源

人的欲望不能永無止境，因為錢越多人就會越吝嗇，自己也就越發地失去了自由。本來攢錢是好事，其目的是使自己的生活更富裕，是值得鼓勵和提倡的。有時若無積蓄，到了須要花錢的時候，還真沒辦法，而不借錢就過不去。當然，有了存款仍然向別人借錢也未嘗不可，但自己沒有錢會被別人看不起，只能低聲下氣向別人借，真夠難為情的。另外，借錢總不是好事，即使堂堂正正地去借錢，到了還的時候，也總得恭恭敬敬地給人家還上，那滋味也未必好受，還得說出一大串如何如何感激人家的話來。

人在一生當中，必須有吃、穿、住才能活下去，但維持生活的基本條件，與過分追求享樂、無止境地欲望填充總是不同的。沒有太大必要為吃、穿、住的問題處心積慮。若自己很健康，日復一日地拚命工作，其目的僅僅是為了滿足吃、穿、住的欲望，或者不顧一切地希望滿足金錢、地位、榮譽，這樣的人就沒多大價值了。一旦自己的欲望無法得到滿足時，就像落入地獄一般，痛苦不堪、萎靡不振，走向頹廢了。可見，重要的是捨棄更多的不切實際的欲望，使自己的心平靜安寧，豐富自己的生活。

■忠告■

如果沒有欲望人就不會發奮前進，但是，如果過分執著於欲望滿足，進步就會停止。重要的是，在燃燒起欲望之火的同時，也要使豐富自己的心靈的願望之火燃燒起來，以平衡人生。過於執著，人的心靈就會蒙上雲霧，什麼都看不清楚了。

33 不重服飾，注重修心

《正眼法藏隨聞記》告誡人們不要過於在修飾方面下功夫，而應注重修心。人們熟知的大宋高僧都是貧窮之人，身著百衲，服飾不修，不以為苦。

❖黑色西裝可以讓人信賴

大約在相當於中國宋朝的時候，天童書院的發展達到了全盛時期，許多雲遊的僧人紛紛來此潛心修行。在天童山掌管公私文書的書記中，有一個叫道如上座的人，其父是輔佐天子、統率百僚的宰相，因此，他的家族勢力很大。道如上座却根本不與自己的親屬來往，絲毫不貪圖世俗權益利欲，一心在禪院修行。他衣服破爛不堪，令人不忍一睹。儘管如此，但他却是一位德行高尚的僧人，他出色地擔當著大禪院的重要職務，這是大家有目共睹的。

有人問他：「你是宰相的兒子，是富貴人家的子弟，在這兒受這番苦幹啥？你看你的衣裳多破啊！」他平靜地回答道：「因為我是一個僧人。」

現在，有許多僧人穿著華貴的衣裳、披著色彩艷麗的袈裟、戴著商人模樣的金絲眼鏡。他們難道不知道僧人只該穿黑袍子嗎？只該穿別人不穿的衣服嗎？

戰前在中國東北的南滿鐵道有限公司，在世界上也是數一數二的一流公司，其職員的待遇比日本國內的職員還要高。這個公司的總裁山本，人們總會猜想：山本先生的衣服一定很華麗講究吧？但山本卻不仗權勢，總是那一套樣式的黑西裝。過去在中國上海，有許多外號叫「烏鴉」的外國人，穿黑西裝、打黑領帶、著黑皮鞋，渾身上下一片黑。有些人好奇地問他們，他們會說：「不這樣不好攢錢。」

穿黑色衣服好處多，第一、無論出席什麼樣的聚會，包括婚喪場合都可以派上用場，比較方便；第二、黑衣服最耐穿不容易髒，有點小毛病也看不出來；第三、穿黑衣服使人看起來顯得性格沈穩，可給人信賴感。由於以上原因，所以這些人一年到頭總穿黑西裝。

道元禪師指出：人，不管是誰，都具有要實現自己的願望的強烈欲望；不管是誰，都需要實現自己的欲求。問題在於這種願望是通過穿戴打扮來實現，還是向著磨鍊自己的人格方面去發展。如果成了第一流的人物，不管穿什麼樣的破舊衣服，在這破舊衣服下面也能散發出人格高尚的耀眼光輝。故應當提醒那些只注重外表的人，別忘了修自己之心。

■忠告■

只對名牌商品感興趣的人，內心世界是貧乏的。自己的人格不能束縛於名牌商品的包裹之中，必須要有更為突出的個性和寬廣的胸懷。磨鍊人格，使自己的內心世界更為豐富多彩，比修飾自己的服裝更重要得多。

34 仰望星空，緬懷友情

《正法眼藏隨聞記》教導人們對別人應當以理服人，不要強詞奪理，若以惡言傷人而以為取勝則是不可取的。對於誹謗中傷應有的態度是充耳不聞，我忘人亦忘，不怒於此。

❖以理相攻仍留怨恨

想要用說服人的辦法使別人服氣，攻擊別人使人家服輸，那就大大地錯了。千萬記住這一點：人是不會被你壓服的。

常常有這種事，自己雖然很有道理，也全都說清楚了，但對方卻仍舊用十分荒唐可笑的理由來反駁你。在這個時候，如果依然用原來那一套去「反駁」，效果是不會好的。而且，這樣容易傷感情，以後還會留下不愉快的記憶。因此，不管對於犯怎樣的錯誤，都不能只用說理的方式來戰勝對方，而是應當先緩和一下，暫時先移轉一下思想。

日本商工會議所負責人永野重雄就常常按捺不住心頭怒火而想發脾氣，每當這種時候，他就抬頭仰望星空，等心情平靜了再來處理事情。他說：

當我痛苦悲傷的時候，或者歡樂高興的時候，我都要經常仰望星空，尤其是心煩意亂的時候，我更要這樣做。

木星、土星、天王星等等，在浩瀚的宇宙中閃閃發光的無數星星，全都在我的意識之中了。它是我心中閃光的星，又是我感到愉悅欣慰的星，它閃著希望的光輝，給予我慰藉和冷靜。那閃閃的星光，是從那遙遠的、有著多少億光年距離的地方射到地球上的，這真是一個廣闊無垠的世界啊！

我自己，不過是這個無數星辰中的一個個體——地球上的一個生物而已，我個人太微不足道了，與浩瀚宇宙相比，個人又算得了什麼？因此，我在想，人生當中的一些事，如何如何，實際不過是鷄毛蒜皮。一個人在悲傷的時候當然可以悲傷，但是，如果把自己完全投入到悲傷之中就不必要了。要有宇宙般寬闊的胸懷，重新認識自己和世界，就不會深深地陷入悲傷而不可自拔了。

說起來，人的一生真正有內容的不過五十年，是痛苦地度過，還是愉悅地度過，全看自己用怎麼一種心境去對待人生了。

的確如此，人生不過五十年，一瞬間，猶如夢境一般。日月流逝過去，人的生命像朝露一樣短暫，哪裏還禁得住不斷地折磨和浪費，哪裏有那麼多的悲傷淒切來擾亂自己呢？人與人之間哪還要那樣鷄飛狗跳、紛爭不休呢？還有些人以造謠中傷為能事，不在背後搞別人心裡就難受，可悲呀！看看自己的一生，主要精力都去幹了這些，是否就要這樣白白地走這一趟世界呢？

蠟燭——一瞬間便燒化的蠟燭，不知多麼短暫。且讓我們仰望星空，心中淨化，緬懷友情而不去與人爭辯，「和為貴，忍為高」多交朋友，積德行善，必有好報。

當我們遇到了難題，當怒火頓生湧上心頭之際，仰望星空吧，為朋友祈求幸福，為自己尋覓寧靜，那星辰，那光芒，一定會給予你慰藉，以及培育你博大的胸懷的。

❖惡言萌生於己心

在我們的現代社會中，有一種傾向越來越明顯，那就是每個國民都成了評論家。成為評論家顯然還具有批評社會風潮的任務，這是一件好事。但是，由於往往要維護自己的利益，因而出現了攻擊對方的傾向。

人有生活自由，在這種自由中最為重要的原則，是不管別人提出什麼樣的主張，其他人都沒有壓制其言論的權利。因此，不管是誰，在強調自己權利的時候，都應允許他人暢所欲言、自由地發表議論。如果沒有這一點，那這個社會就相當禁錮了。

但是，仔細考慮一下，現代人的主張，僅僅用來保護自己的利益，沒有深入思考和反省自己的想法是否與其他人一致，是否受到大多數人的支持，這是應該注意提醒的。大地方如果贊成了，小地方是否也贊成呢？儘管如此，仍然故意挑剔對方的次要的不同意見，並攻擊人家，甚至一定要駁得別人體無完膚才罷休，都是很不好的。對於這些，認真反思一下就會發現：惡言正是萌發於我們自己的心中哩！

忠告

在言論自由的名義之下，抓住別人的錯誤加以攻擊，是不應當的。如果是滿腔怒氣，則要努力忍住，並轉換話題，注意傾聽對方講話，進行認真的討論，拋棄攻擊別人的念頭。

35 莫因物欲，忘記本分

《正法眼藏隨聞記》說：僧人除了三衣一鉢之外，不置任何產業，不戀居室，不貪衣食，若能專心學道，將處處受益。

❖莫讓物欲迷住心

日本歷史上有個人物叫竹中半兵衛，他先是投効於織田信長，後來又追隨豐臣秀吉，此人智勇雙全，才能出眾。在此，他留下了對人生的體驗——

作為武士，不必為了高價的刀和名貴的戰馬而傾家蕩產。首先，騎用那麼名貴的馬，雖然可以上戰場，但是，一旦碰到敵人，飛奔迎上，由於跑得太快，也就錯失了和敵人交手的機會，而隨便放牧在戰場又十分可惜，這即是當初買名馬的人所意想不到的。而且，名馬由於感覺敏銳，容易神經過敏。一旦突然帶出去，就往往會嘶鳴不已，要使牠平靜下來要花很大功夫。另外，為了保護名馬，武士在戰場上顯得十分吝嗇，捨不得放開來用，也實在令人感到難堪。

因此，如果手中有十兩黃金，就不要買『十兩』的馬，用其中的五兩買一匹高大結實的馬，騎著這樣的馬，會覺得不管在哪裡丟失也沒什麼大不了的。如果真的丟了，用剩下的五兩再買一匹同樣的馬，仍然可以用平常心去騎著。另外，不管是長刀還是腰刀，如果養成癖好，十分看重是否能購買到令人稱讚的名刀，就會慢慢形成一種習慣，即不願使自己的刀受到損傷，或該拔出來的時候不拔，該砍的時候不砍，事實上，長刀和腰刀本來就是可以切可以砍的，千萬不要讓『物欲』吞沒了武士的本分。

在中國有一位叫龐公的平民百姓，這個人雖然一生都過著平民百姓的生活，但却和僧人一樣精通禪。最初，龐公在下定決心研習禪學的時候，決定把家中所有財寶都搬出來投到大海裡，周圍的人大吃一驚，勸說龐公：「這些財寶扔到海裏就沒了，不如送給別人，何況用於佛事也是好的呀！」龐公平靜地回答道：「找不能讓這些財寶迷住心竅，所以決心扔掉它，這些對人無益的財寶能再送給別人嗎？這些寶物不利身心反而有害，沈入海底是最好的辦法。」隨後，龐公便把所有的財寶都投進大海，一心研習禪學去了。

❖丟棄虛飾，還以樸素

現在，人們的住宅越來越高級了。儘管貸款比較容易借到，但是償還却很成問題。山田雄一是住宅金融公司營業部的業務科長，他充分體會了住宅「災難」。他當上科長的時候，他的妻子有個願望，希望在環境安靜的城裡買上一棟值二千六百萬元左右的分期付款的住宅。這個願望確實不錯，因此山田拚命工作，對妻子來說，也不會使她臉上無光。

可是，山田卻突然右眼失明，經診斷是得了青光眼，更由於血壓升高，故經常頭痛，坐電車中途下車，亦不得不在長凳上坐上兩個小時。每每思及住宅貸款每月已達到十二萬元時，山田便會深覺壓力而感到內心焦慮，而妻子也得了神經衰弱，兒子則對前途感到悲觀，從高校中途退學，在朋友家借宿。由此可見，對於人來說，衣食住的條件應該與自己的身份相適應。

茶道宗師千利休曾經說過：「屋頂不漏就應知足。」就是這個道理。

■忠告■

如果致力於裝扮自己的外表，那麼作為人的格調就會與以前不同了，發現了這一點，自己就會感到苦惱。所以，應該丟棄虛飾，努力豐富自己的內心世界。

36 捨去貪心安樂自在

《正法眼藏隨聞記》說：學道之人最為清貧。貧而不貪，可免災難，安樂自在。例證始在身邊，不必別人提醒。

❖來到世上皆是客

統治東北諸藩的伊達政宗，感到自己不枉生活在戰亂連綿不斷的戰國時代。他曾說過這樣很氣魄的話：「節儉度日，就要忍受某些限制。可是，如果覺得自己不過是這個世界上的客人，就不會覺得有什麼苦惱。即使早晚飯菜不可口，仍要吃得津津有味。把自己當作客人，就不會說三道四或是挑剔不已。」

伊達政宗告訴我們：「來到世上皆是客。」這樣的人生哲學，充滿了力求揭示出人生本質的勇氣。

財產多的人，總是擔心別人會把自己的財產奪去。誰要是接近他，他就要惴惴不安，無時不刻地惦記著自己的財產的可憐狀。因此，對別人總是加以提防，不願和別人真誠交往。這樣是很可悲的。

豐田汽車工業會長石田退三，度過了艱難曲折的一生。他曾做過代課教師，並為進口家具商和紡織品商人工作過，亦曾拉著賣貨車沿街奔走。他依靠別人的資助讀完了中學，因而對金錢的用處有著深刻的切身體會。所以，他勤儉度日，有了錢就積攢起來。他「盡量減少無謂的花錢，除非和以後的利益有關，其除一概不許隨便花錢。為了攢錢，幾乎近於吝嗇。」

豐田公司在石田退三經營思想的指導下，在許多依靠貸款經營的日本大企業中，獨樹一幟地一直用自己的錢經營著。不用貸款，用自己的資金打下了經營基礎，同時也是貯存下了更強的應變能力嗎？

有的人，雖然已經陷入借錢過日的痛苦中，卻仍然住在好不容易才得到的高級住宅中，最後終於導致全家自殺的悲劇，令人深思。事實上，如果回想起伊達政宗的「來到世上皆是客」，就不會一天到晚總發牢騷、滿腹不平，而保持悠然自得的心境。

❖脫離貪欲的深淵，充實自己的生活

輕鬆愉快的生活，關鍵在於節制自己的欲望，而把自己的精力集中到自己的工作上。如果不節制自己的欲望，總是用借來的錢買自己想要的東西，生活大概就不會輕鬆愉快了，而每天如同陷入地獄深淵般的痛苦。

道元禪師認為：人的一生，如果能努力充實自己的內心世界，注意過著清貧的生活，就不會貪戀錢財，逐名追利。人會碰到各式各樣的利益問題，為了獲取各種利益，即使瘋狂地積攢金錢，一旦生命、家人遭到災難不幸，便空忙一場，從而致使許多人絕望而自殺。即使無病無災，死後還要引起遺產繼承的紛爭，子女、親屬各不相讓，甚至反目成仇。

人如果能樸素地生活，那是最快樂的。決不能追求力所不及的奢侈生活。不要貪戀金錢，如果心中總是想著金錢，並執意追求，就會成為相貌可憎的人。如果能悠然自在地生活，就會精神愉快，別人也願與你交往，如同身上增加了許多吸引人的魅力。

■忠告■

如能對人以誠相待，不存芥蒂，就會受人歡迎。如不過分追求一切利益，就會與人和睦相處。首先要拋棄貪欲之心，這樣，你會心情愉快、悠然自在地度過每一天。

37 可以信賴最為珍貴

《正法眼藏隨聞記》知識智慧就是佛，如果把蛤蟆、蚯蚓也信以為佛，則將失去平日的智慧。

❖戰犯的妻子

第二次世界大戰，日本成為戰敗國對盟軍實行無條件投降，因此日本的軍事領導人便等待著接受軍事審判的命運，本間雅晴就是其中一個，並由菲律賓的軍事法庭進行審判。當時他的夫人作為證人出庭作證。他的夫人說：

「我的丈夫本間雅晴，雖然在美國人面前沒有被當作正常人來對待，但是，我作為這個戰犯、這個人的妻子，並沒有因而感到可恥。我有兩個孩子，我的女兒現在已經十九歲了，早晚都要結婚出嫁。那個時候，她會像本間雅晴那樣嗎？不，要成為比他好、比他有出息的人。另外，我的兒子今年也有十六歲。把他培養成為一個比他父親更出色的人物，是我今後唯一重要的使命。」

在被告席上聽到夫人證詞的本間雅晴中將，雖說知道自己免不了一死，但人的感情仍然存在。他用白手帕捂住臉，被夫人深情感動得落下了淚。

對本間雅晴中將給予深深的理解，並以最終作為一個人來加以熱愛和信賴。在這種熱愛生活的態度中，不是也留下了對兒女的愛甚至更深一層的東西嗎？人往往容易受環境影響，有時偏向左，有時偏向右，儘管有自己的信念，但是，如果這種信念只是內心的產物，那麼它是否堅定就很難說了。

現今中學裏亦充滿了暴力行為，使得許多學生受到衝擊。他們說：「誰都互相不信任，難以相互交流了解，沒有可以真誠交往的人。老師要是冷落我們，我們也要疏遠老師。」人和人之間缺乏信任，委實令人不安。

如果能與人心心相通，使人感到可以信賴依靠，那麼所有的人都會齊心協力地幫助你。沒有相互信賴的關係，依靠權力迫使人們工作，人們是不會努力幹的。當你到了人們以為即使別人會背叛而你也不會背叛時，就是已經可以信賴的人物了。正是因為可以完全信賴，人們才會對你打開心扉。

■忠告■

如果遇到可以信賴的人，你是幸運的。應該重視這種運氣。要知道這種人不常遇到，因此要更加珍視和真誠相待。要用自己的雙眼和心靈認真觀察和思索，真正學會怎樣走自己的人生之路。

38 不管世俗褒貶走自己的路

《正法眼藏隨聞記》俗不可耐而又自以為是的人是很少的，俗而又俗則十分愚蠢，化俗為聖方為能人……要注重學習怎樣才能成佛。

❖走自己選擇的路

先是擔任拓殖銀行總經理，後來成為韓國銀行總裁的加藤敬三郎，從私立大學畢業後，進入郵電部工作。後來雖然升為地方郵電局局長，但是，由於是私立大學畢業的，所以感到幹這一行不大合適。於是他決定放棄這項工作，而去了商業銀行。

當時，人們對此反映不一。加藤敬三郎說：「我雖然已經擔任了地方局局長，但我感到未來沒有什麼發展前途，於是我決定進入商業銀行。當上了債券科科長，開始了新的銀行生活。當時（戰前）是官尊民卑的時代，已經擔任了敕任官的我，居然投身到一個民間銀行，當一個小小的科長。這不僅成為當時內閣會議上的問題，在社會上大家也都感到不可思議。」

世俗的風是很冷的。什麼玷污了敕任官的權威啦，加藤敬三郎本來就是俗人，現在越發俗上加俗啦等等誹謗之詞不一而足。但是，加藤敬三郎卻不隨波逐流，依然沿著自己選擇的道路、朝著自己的信仰走下去。

「我不明白，敕任官去當一個民間銀行的科長有什麼不好的呢？不了解情況的人還說什麼，這多少不過是敕任的老招術，以為我剛剛身居要職就自以為了不起了，想出風頭。其實，我根本就沒有這種想法。難道因為當上敕任官就算是身居要職了？這豈不是不自量力、不知天高地厚了？而從當一個科長為新的出發點開始學習，這不是很好嗎？我後來反而因此更受到人們的信賴。在社會上，如果四十歲前不付出努力，而對生活過分樂觀，那麼，過了四十歲，就容易碰上意想不到的失敗。」

人們太注重世俗的議論了，對於一位敕任官卸任去當一個民間科長，很是不理解。如果一個人太脆弱，一定抵擋不住世俗的壓力，不管求助於誰，都絕不會得到任何幫助。但是，加藤敬三郎平靜地走向自己選擇的道路。他是為了追求金錢嗎？是為了追求地位嗎？是為了追求名譽嗎？顯然都不是。那麼到底為什麼換了工作呢？就是為了要幹工作，幹事業。不局限於自己年輕時的學歷，努力發展自己，提高自己，專心工作。

世俗的毀譽褒貶，也許符合所謂聖賢之道，但是，不去注意社會輿論，而從世俗的束縛中解脫出來，不也是一條通向幸福的道路嗎？

❖污泥之中花更豔

有的人往往瞧不起別人，甚至歧視別人，這是好現象嗎？在中央政府機構，那種官尊民卑的風氣至今仍然很盛行。資歷還很淺的年輕官員靠著一條電話線，傳喚所管的民間公司的部長，部長來了，連椅子都不給一把，簡直就像對待法庭上的被告一樣，令人難堪。人們可以看山，這兩種人在人格、見識、學歷、經歷方面有著天壤之別。

「成熟的稻穗先低頭」，部長就像先成熟低下頭來的稻穗。在他面前的年輕事務官員，發出尖叫的嗓音，想要就文件中的幾個問題來批評「稻穗部長」。這種情景，不由得使人為部長擔心，要是他帶來文件副本就好啦！就在這時，這個部門的科長推門進來了，「哎呀！這不是老長官嗎？什麼時候來的，怎麼沒通知我一聲？」原來，這位民間公司的部長，年輕時曾經當過這個部門的科長。見此情景，年輕的事務官不由得大吃一驚，滿臉愧色。

在世俗社會中，飽經風霜的人生命力最頑。正如同蓮花從污泥中長出美麗的花朵，如果不了解下層人民的心，就不可能得到人民的信賴。對於生活，要有敢於滾入泥中的勇氣。

忠告

如果能經常想到那些在最基層做著平凡瑣碎工作的人們，並理解他們，就不會脫離真實的人群。看到他們就會明白，真正有能力的人是謙虛好學的，並不願表現自己。

39 靠近賢者，將遇良機

《正法眼藏隨聞記》認真聆聽賢人話語，心中更加聰慧，並激起學道的心願。因此，還將願念真經，願聽佛法。

❖遵奉母親的信仰

琦玉銀行的前總經理平沼彌太郎，是在母親的身邊聽著觀音菩薩的故事長大的。他的母親，誠心誠意地信仰觀音菩薩，總想在自己的一生中能建一座觀音堂。但是突然得了急病，自己的心願未能實現就去世了。深知母親想法的平沼彌太郎，感到十分遺憾，如果在母親逝世前能建一座觀音堂，那就好了。現在雖然也能建立，但總覺得缺少點什麼。要完成母親的遺願，自己也應樹立和母親同樣的信仰。作為這一點的證明，他要用自己的手，雕塑一座永遠祈禱的觀音像。

因此，他找到和自己熟識的雕刻家木宗策，開始學習正規的雕刻技巧。雖然事務繁忙，但是他的雕刻水平也在逐步提高。可是，雕像却怎麼也不能完成，觀音菩薩那慈祥的雙眼總是雕不出來，那慈悲之情更是難以表現。為此，他很苦悶。在這苦悶之中，他開始思索：人心神情是要通過觀音像來呈現的，他決定巡視九州的三十三處觀音像。

巡視途中，在回想著母親那和藹可親眼神的同時，更進一步加深了對觀音的崇敬信仰，自己也感到在精神上已得到一種昇華。平沼彌太郎終於能夠雕刻出精美的觀音像了。

儘管如此，却只有發願建立的這個大伽藍，是由於從小時候起天天從母親那裏聽到的話而完成的。因此，在平沼彌太郎的心中，如同水滲入大地一樣，不知不覺受到觀音的薰陶。

如果平心靜気很自然地聽到賢人話語，那麼，那些話語也就能夠自然地進入心中，人就不知不覺地進入語言所表達的內容意境中，使得自己也成為其中的一分子。在這裏，學習的人努力追隨新的知識，接近賢人的良機善緣也就來到面前。但必須同時磨鍊自己的心，從而努力在有限的歲月度過充實的人生。

❖如果能與好人交往……

有的人在公司裏，對自己所尊敬的人，往往不自覺地加以模仿，言談舉止、音容笑貌，甚至包括西服、領帶、襯衫等，都莫不如此，真是不可思議。飯田秀三大學一畢業，由於某公司的總裁是他的同鄉而得以進入該公司服務。

那位老同鄉喜歡穿兩層白色西服，而飯田秀三現在擔任著營業部長的要職，也穿著兩層白色西服上班。抽的香菸、喝的酒也是同樣的品牌。從語言到興趣完全一致，令人驚奇。

如果每天都要接觸受到人們所尊敬的前輩和上司，不知不覺中就會受到良好的影響，而使自己得到教益。正如同身在花叢裏，衣服自然香；在出色的人物身旁，自然會學到許多好東西的道理是一樣的。

道元禪師非常強調在好人身邊生活的重要性，他以對人和鄉土的熱情轉而循循善誘於人，一邊用友好的感情照顧你以共度人生，同時又專心工作。這樣，一定會使你受到良好的薰陶和影響。

忠告

怎樣對待自己，也怎樣對待別人。要一視同仁，對誰都和藹可親，承認對方的優點長處，這裏必有與自己心心相通的人生之友。

40 化干戈為玉帛

《正法眼藏隨聞記》教導人們要友好，室中眾人，應當和睦相處，水乳交融，同心協力，共振道業，現在雖暫時分為主次上下，將來均可成正果。

❖把調和作為基礎的對立

把調和作為基礎的對立帶來了進步，失去調和的對立既沒有進步也沒有提高向上，甚至是退步和墮落。

世間的許多事是依靠多數人的智慧和力量才能完成，而「對立」則是使人的智慧和力量相互摩擦和抵消的增強劑。因此，對立雙方僅僅簡單交換意見是不夠的，還要加強雙方的理解，彼此尊重對方的智慧和力量，保持一種轉向調和的氣氛和心情。

不管是在公家機關、平民百姓當中，還是在學校、公司企業中等這些環境度過人生的人們，都應該從根本上保持著一種和睦的氣氛，水乳交融，尋找並向著共同的目標前進。以調和作為基本原則，為了共同目標，可以進行十分激烈的討論、爭論，但在其中，卻積蓄著積極向上的能量。

在從事傳統藝術的領域中，精通一門技藝的人，僅僅讓弟子模仿自己的技術，卻不傳授真正的技藝。當覺得弟子確實達到了自己的水平時，才開始傳授秘訣。如果超過了師父的水平，弟子也就全部了解了師父所教的東西。師父和弟子的對立以及超越這種對立的和諧，也就在其中了。著名的工匠右衛門，學習各家之長，從傳統陶藝和現代陶藝的對立中，使兩者加以結合，創造出一個歷史相傳的有名的　右衛門新傳說。

對立不是敵對，不是感情的根本對立。是懷有體諒和感激的心情的對立。這裏面，沒有敵人，如果有什麼敵人的話，可以說「自己的敵人就在自己頭腦中。」就是說，局限於自己的消極、淡漠、情感，不管怎樣想和對方和睦相處，卻總是合不來，而注意檢查分析自己，那麼，就接近所謂的『幸福之路』了。

❖更加尊重對方

為討論經營方針，負責人會議往往開到深夜。根據日本的經濟情況，明年的經營計劃要發生很大改變。作為電線製造廠的首要領導人，吉田勝專務和中山悠一部長為此進行了很激烈的爭論，其爭議主題在於是理想論還是現實論。

吉田專務怒氣沖天地說：「我們公司的基本方針，是由經理、專務、常務三人決定的。這種決定無論是理想的還是現實的，都要服從。這是部長的職責。中山君，你所主張的和現實相對立的方針，不過是妥協的產物。我是營業本部部長，如果誰不服從這項方針，請從這間屋子出去！」如果只是依靠權力來進行討論，誰都會不服的。中山部長只說了想說的一部分，而且僅僅是作為記錄的內容，後來他只好沉默不語。

在道元禪師的道場也進行討論佛法，陳述自己見解的論戰。這種場合，似乎也有人說：「我自己潛心坐禪已有二十多年了，才坐禪兩三年的年輕和尚知道些什麼，連臉都沒洗乾淨呢！」這種話顯然很傷感情。因此，相互尊重對方、互相幫助才是正道。

忠告

必須把爭論本身作為空虛的東西，並從心中驅逐出去，互相爭論雖然也是修行的重要方法之一，但決不是敵對別人，要比尊重自己更尊重對方，和睦相處最為重要。

41 丟掉貪圖名利之心

《正法眼藏隨聞記》告誡人們貪名愛利甚於違法，違法是一時之誤，貪名愛利則是一生之累……得到是修行，丟棄也是修行。

❖做我應當做的事

為了阻擋住敵人對江戶城的總攻擊，山岡鐵舟隻身一人穿過了敵軍陣營，和西鄉隆盛談判，並實現了西鄉隆盛和勝海舟的會面。鐵舟雖然精通劍術，一生中卻未曾殺過一人。他熱中禪學，並達到「劍禪如一」的境界。現在，鐵舟已經靜靜地長眠在山谷中的全生庵中，墓前香花不斷。

明治政府因為明治維新的大業告一段落，便發布告，要求那些對於促成維新有功的政府要人、舊時幕臣，用口述和筆記的方式，敘述出自己的功勛。結果，賞勛局一時間擠滿了來講述自己功勛的人。

賞勛局總裁三條實美，因為在堆積如山的功績記錄中沒有發現山岡鐵舟的功勛記錄，便派工作人員去找山岡鐵舟，對他說：「山岡先生，前幾天見到勝海舟先生已經拿出了功勛記錄，山岡先生能否像勝海先生一樣，早一點拿出功勛記錄呢？我們長官擔心山岡先生您不拿出功勛記錄來……」

由於連續督促，山岡鐵舟來到了賞勛局，通篇看了一下勝海舟的功勛記錄，裏面詳細記載著維新時期他和西鄉隆盛、江戶開城談判經過，有一種對德川慶喜的巴結的味道。而且使維新大業得以成功，似乎都是勝海舟一人。

山岡鐵舟神情漠然，離開了賞勛局，而後再未去過。於是對於山岡鐵舟關係較好的右大臣岩倉具視請他出面，再次提出功勛錄一事。對此，山岡鐵舟回覆說：「政府雖然再三說要寫出維新功績，可是我不過做了一些我應該做的事。所以，不想自誇那些功績。」

鐵舟居士眠居的全生庵，由於平井玄恭禪師的努力，重新進行了修繕。作為與鐵舟相伴的禪寺，在許多人的心中占有一定的位置。現在，人們經過鐵舟居士墓前，在回想往事的同時，似乎也看到了他在嘲笑那些儘管沒有什麼功勞，卻像是功業卓著不可一世的人的神情。

道元禪師明確地說：「貪名愛利是一生之累。」應將這一點作為自己修行中的出發點，這或許也應是講頭銜的社會中的基本準則。而且，至少在精神修行的道場，不須貪愛名利，沒有頭銜也能行得通。

■忠告■

現代社會是講頭銜的社會，人們一見面，往往首先拿出自己的名片，諸如股長、科長、部長或總經理等等。對於這些，必須具有能夠看清是否可以和對方合作的能力。這裏需要的是生意人的精明眼光。

42 不求報酬創造永恒的產品

《正法眼藏隨聞記》認為：人心本無善惡，善惡隨緣而生。我並不覺得我心本來是惡的，只是應該追隨善緣而已。

❖讓善心充滿生活

人心本來沒有善惡，善或惡不過是隨緣而生。當你為了修行而決定進入山林的時候，就會覺得山林的寂靜是那麼美好，相對的，人間社會顯得污濁不堪。如果厭煩山林中的修行，就會把人間社會看得美好可親，感到山林中的修行生活難以忍受。

不少人討厭風暴，一看到風暴來臨，狂風將捲起樹林中的枯枝敗葉和地上的灰塵，就想遠遠避開。如果天上久不下雨，人們就要仰望蒼天，祈求上天普降甘霖；如果下雨過多，又要埋怨不止。可見心理感情有一種隨意性，而且，善惡不僅受心理影響，也會隨環境不同而發生變化。在這方面，心理狀況如何，顯然已成為重要因素。

福澤渝吉先生的「心訓」明確地表現了因心理狀態的不同而使人生色彩紛呈的一面——

世上最快樂的，就是有一生都可以從事的事業。

世上最悲慘的，就是缺乏教養。

世上最無聊的，就是無事可做。

世上最醜惡的，就是嫉妒他人的生活。

世上最可貴的，就是能為他人服務，而決不使人以為欠自己的恩情。

世上最美好的，就是對一切事物都充滿愛心。

世上最痛苦的，就是說謊。

愛心，因緣而生，人不正是因遇善緣而生善心嗎？

❖追隨善緣

對一切都充滿熱愛之情，為別人服務，不使別人以為欠自己的恩情。把這些變成自己的品德，不要期待愛的酬報。如果期待愛的酬報，那麼這就已經不是愛了。美國自然主義作家德萊塞告訴我們年輕人：「愛是無償的行為，愛是行動。」是的，不要忘記愛是行動，要為了愛而催促自己的身心，無償地為別人服務。

道元禪師說：人性本無善惡，如果有的話，也是隨緣而生。因此，人傾向接近善的行為，就是傾向接近愛的行為。如果在生活中傾向於愛，將來就會有很大的前途發展。

目光短淺，是局限於眼前小利。應當把為了整個人類而生活作為愛的基本目標。如果想要努力過好明天，那就必須過好今天；既然要努力過好今天，那就要過好現在。表現出善的行為，愛的行動，比什麼都重要，心中有此認知的話，善緣就會出現了。

忠告

人心既可以善，又可以惡。關鍵在於心中趨向何處。這與別人無關，責任在於自己。因此，接近善緣、靠近愛緣，就是通向人生愉快生活之路。

第四章

讓希望之火不斷燃燒

——以樂觀的態度對待一切

43 正視現實，盡己所能

《正法眼藏隨聞記》對人生的提示是：生即生、滅即滅，正視這輪迴往復，均屬自然。不怨天，不尤人。

❖捨身勇度難關

關西電力公司在黑部川第四發電廠的建設施工中，押上了公司命運的賭注。掘進主隧道的時候，碰上破碎地帶，冰冷的水止不住地從石縫中噴將出來。工程擱淺，進度被迫停止。雖然動員了世界各國土木工程權威專家，想盡各種辦法，技術上仍然無法解決問題。由於水不斷地轟響著向外湧流，公司的命運因而也處於危急存亡的緊要關頭。

就在這時，負責指揮的太田垣士郎總裁來到現場，穿好工作服，準備一起進入隧道。

「總裁，太危險，您還是不要進去，這些由我們來幹。」現場的工人們都知道，進入隧道極有可能發生生命危險。碎裂的岩石不斷向下掉，要是一腳踩空倒下去就可能出現不測。而且隧道似乎隨時都可能崩塌。但是，太田垣總裁沒有聽從別人的勸告。他喊道：

「目標，掘進面！」

說完，踏進齊腰深的冷水，試探著向掘進面走去。見此情景，工人們也緊隨其後，奮勇爭先，拚死和水流戰爭。一時間，血和污泥混合一起。

「加緊幹吧！拜託大家了！我們在這裏要是失敗了，公司也就完了。要記住，這是在支撐著公司的命運。我們就是節約到每支鉛筆、每張紙，也不要讓隧道工程出現原料不足。只要是你們需要的，我都會給你們送到。加緊幹吧，拜託了！」

總裁的一番話，使掘進面的工人們深受感動和鼓舞，他們互相激勵著，每個人都是一身泥水。聽到消息的公司職員們也伸出了援助的雙手，開展了「幫助隧道工程」的活動，支援隧道工程。

人生「死」只有一次，正如道元禪師所說的：「生即生，滅即滅，要正視這輪迴往復。」太田垣總裁不正是用這種精神挽救了危難局勢嗎？無論是誰，到年齡大的時候，都想在寬敞舒適的辦公室裏坐著。可是現在他卻跑出總裁辦公室，來到冰冷的噴湧著的水流中，衝到泥漿滿佈的掘進面。本來可以無所事事、臨陣退縮地度過一生，但他卻將生死存亡置之度外，盡力發出自己的光和熱，這樣也是一生。面對危急關頭，勇敢向前，哪管什麼生和死。在這裏，需要的是竭盡全力進行人生鬥爭的勇氣。人生即使風雲變幻，也要迎頭而上。自己的希望即使未能實現，也不要氣餒。關鍵是人生的每一時刻都要發揮自己的能力和主動性。

❖人生沒有盡頭

公司當然有一帆風順的時候，不過在公司可能已用盡了各式各樣的經營手段和方法，總裁也已發揮了最大的能力時，而生產經營卻開始轉向下坡路，却仍舊不肯放棄自己的夢想，仍然把齒輪向頂峰推動。儘管自己已經感到不對勁兒，發現了前往速度在減慢，但是，由於平時忽視加強後勁，已經沒有鼓帆追風的能力了。

道元禪師曾說過，不要逆風而動。公司的發展達到頂峰時，不要沉醉自滿，要清醒。實事求是地對待現狀。另一方面，如果公司一旦走下坡路、跌入谷底，不要互相埋怨推諉。要正視現實，尋找出重振企業公司的對策，若能冷靜地加以分析，不管是在頂峰還是在谷底，都能有相互的對策和辦法。

忠告

生活之路，確實是很難的。重要的是對眼前的一切都能正確對待。人生沒有盡頭，有的人承認現實，有的人違反現實，有的人則無所作為地隨波逐流。

44 人間社會，日新月異

《正法眼藏隨聞記》山河大地與人們同在，三世諸佛與人們同行。

❖剖析自己不斷更新

「十年樹木，百年樹人。」這是中國古代思想家管子的話，意義精闢而又很有說服力。

王子造紙會長中島慶次先生通過「樹木」聯想到「樹人」。

他說：「要想得到好木材，必須經過多年的歲月，同樣，要培養出色的人才，則需要比『樹木』更多的忍耐、愛心、認真的思想和精神準備。過早開採使用樹木，往往會受到蟲鼠危害。

又說：「如果要培養出過早發揮作用的人，那麼社會上將多得是這種能力欠缺的人。一座山如果全是這樣的樹木，那麼這座山將會荒蕪；社會上如果都是這樣的人，那麼這個國家將很快沒落下去。幹一項工作、事業，要考慮到二十年、三十年以後的事情，這就需要有很大的耐心。如果因為急於享受成果而認為反正是兩、三代以後的事，隨便敷衍過去的這種心態，就難以培育樹木了。因此，要從培育樹木中，啟發自己，剖析自己。」

人有智慧、理性，有頭腦，肯於努力，能夠用自己重新改造自己，這種自我更新的能力是人所獨具的。如同做過眼睛手術的人，昨天還看不見東西，今天就已經能夠看得清清楚楚了。由於有了頭腦、思維，這個世界上的一切就都不一樣了。

在實業界，對於剛剛進入公司的人，有些人喜歡訓斥他們。這些人雖然往往被看作「令人厭煩的人」，但是實際上大家都知道這些人的目的是要對新職員進行培養教育。故應該視他們為「值得感謝的人」，那些訓斥新職員的話甚至可以被當作工作中的「條例」。人不斷依靠自身的能力使自己得到更新，無數次的忍耐、痛苦的折磨，終於脫胎換骨，並發現了新的自我。這時，周圍的世界也煥然一新了。道元禪師說：「山河大地與人同在。」人不應該墨守陳規、安於現狀，應要不斷自我更新。

對於道元禪師所說的「山河大地與人同在」這句話，如果不能堅信，當然也就不會豁出去幹工作和事業，如果不相信「三世諸佛與人們同行」，就不會拋棄一切，專心坐禪修行。

自己是自己，別人是別人，公司是公司，把自己和別人的一切都截然分開、改變一下的這種想法會怎樣呢？自己心中有他人，自己心中有公司，並且願意和別人進行合作，那麼，生活之路將更為寬闊。

■忠告■

不要心胸狹窄，要心胸寬廣，無拘無束地生活，這才是人的正確生活方式。應該看到，自己和他人從根本上都是相同的，有了他人才能力自己。每天都督促自己，每天都朝氣蓬勃。

45 戰勝貧困，度過艱辛

《正法眼藏隨聞記》向學道之人提出，出家學道，當隱居靜室，身處靜室，則邪運不入，恬然安寧。

❖忍受貧困努力生活

看起來充滿喜劇色彩的人生，實際上是樸實無華的。日本成功的喜劇演員伴淳三郎在自己的生涯中，就深深體會到了身處下層社會的悲苦寂寞。他的父親是奧州山形的一個窮畫家，他自己小學一畢業，就在日本橋（地名）

的西服店做學徒。每天辛辛苦苦，別人都嘲弄他、欺負他。對於一個不懂事的孩子來說，雖然難以忍受，但是沒有別的辦法。

「我現在好了，當上演員了，我要讓那些總欺負我的傢伙們看看！」

他終於離開了西服店，一無所有，身無分文，貧窮仍然伴隨著他。他投身當了演員，生活就快樂了嗎？並非如此。演員的生活不能算是正常的生活，仍然是辛苦奔忙、來去匆匆。

後來，他說：

> 在淚水中忍受著生活的貧窮、痛苦與悲傷。如果不是能夠挨得住這種生活壓力磨難的人，是不能成為真正的喜劇演員的。我對一些年輕人說：『年輕時多體會一下貧窮、痛苦和煩惱，以後碰到障礙，就不致退縮。事先品嘗了苦惱，以後就能夠戰勝貧困、艱辛，很快就會成為一個堅強的人。』所以，如果能夠承受貧困與艱辛這兩個包袱，人生前途必定通達。

道元禪師說：人們住在豪宅中，過著不自由的生活，對於真正的人生，不會有什麼切身的體驗。在簡單樸素清淨的禪室中，才會產生真正的佛道修行。世俗世界也是同樣，正是在貧困的生活中才會有對人生的體驗。

❖追求虛榮每日受苦

過分追求虛榮，會帶來無數麻煩苦惱。不要去追求虛榮，從而過著平靜舒適的生活。公司也需要拋棄追求什麼一流名門的想法，換成實實在在進行經營的作風。

■忠告■

人往往有一種追求更大更高級的欲望。如果沒有這種欲望，可能就覺得一無所有。但是，追求虛榮、裝飾外表，是沒有什麼用的。只要有少量的必需品就感到滿足的人，不會腐化變色。

46 「愛語」會給人溫暖

《正法眼藏隨聞記》認為愛語生發於愛心，愛心以慈悲之心為源。應當看到，愛語常有回天之力。

❖愛心就是慈悲心

大文豪歌德廿五歲時出版了《少年維特的煩惱》一書，一夜之間，使他的名聲傳遍了歐洲。法國英雄拿破崙在戰場上的帳蓬裏，曾七次興致勃勃地讀過這本書。歌德以自己的體驗和觀察為標的，說道：「在人的善良靈魂中，有著不允許只能是自己幸福的東西，有著不能在他人的幸福中尋求自己的幸福的情感。」

亨利・福特就曾體驗這種情感。他是在林肯總統時代出生的，和林肯解放奴隸一樣，福特把工人從艱辛的勞動條件下解放出來。

從小型機械工廠發展到世界規模企業的福特，從來不刻意追求片面利潤。他雖然要求提高生產率，但另一方面，他積極主動地雇用那些犯有前科且受人歧視的。對於殘疾的人，他提供勞動場所，使他們體會到人生的感受和溫暖。「如果想得到幫助，首先要幫助他人。」這就是福特的人生觀。因此，福特總是致力於工人待遇的改善。

一九一四年的一個星期天，福特召開了公司幹部的非常會議。他首先說：「我打算把我們公司自創立以來所累積的一部分盈餘分給員工。工作三年以下的員工，給一年工資的百分之十，管理和領導人員，根據工作效率給予支票。由於整個公司改為流水作業，從一九一四年生產成本開始下降。因為利潤增加了，工資亦從一天兩美元改為五美元，把利潤分配給全體員工。」公司幹部們聽了，一個個目瞪口呆，懷疑福特是不是瘋了。

福特接著說：「即使有人反對，我也一樣堅持。好，這就決定了。每日工資最少五美元，這就立即實行。」福特的『互相分享幸福』的哲學，在這裏得到了印證。

愛心發自於對他的一種慈悲之心，從這種慈悲之心中，自然會生出對人的「愛語」。對於那種對傷害別人、摧殘他人的現象視若無睹的現實，要用愛語加以改變，而使人們的臉上充滿幸福的笑意。

❖創造具有安全感和信賴感的氣氛

福特工廠的工人們深知福特是一個有感情、尊重他人的企業家。道元禪師的「愛語生發於愛心，愛心以慈悲之心為源」的哲學就產生於此。而福特也顯然深知「愛語常有回天之力」。

公司發展的秘密，在於對每一位員工都待以慈悲之心的原則。正因為以慈悲心為本，從而產生愛心，讓每位員工都感到自己沒有被疏忽和受到歧視。而且員工和總裁在作為「人」這一點來說，是平等的，儘管職務高低有差別。在公司中，員工不過是「不大有機會開口說話的人」而已。作為公司負責人，應努力使自己的生活方式和員工的生活方式趨於一致，從而產生彼此的信賴感和環境的安全感，也營造出了令人愉快的工作氣氛。

■忠告■

對他人的生活從內心表示關心、給予幫助，如果沒有愛人之心，是做不到的。平時替他人著想，必要時就會成為一種力量，成為推動公司前進的動力，可以大大激發員工的工作熱情。

47 努力生活，體驗人生

《正法眼藏隨聞記》世事無常難依靠，四處飄零，難知身寄何方；如此淒涼，令人可憐，頓覺悲傷。

❖奮鬥的人生

在午餐會上，林井順先生（綜合警備保衛會長）這樣問年輕職員：「如果一位七十歲左右的老人，願意拿出一百億元，來換你的青春，你們願意嗎？」大家回答說：「不，絕對不換！」沒有一個人說可以換。

「如果是這樣，你們會認為自己的人生價值超過一百億元，你們真的十分珍視這高價的人生嗎？」林井順先生這樣接著一問，大家都沈默下來，低頭不語了。

都說是光陰如箭，那麼為什麼要虛度這不會重視的光陰呢？世事無常，難以依據，任何時候都不能心血來潮，輕視生活和人生的可貴，本來人的生命就如同露珠一樣，不知什麼時候、在什麼地方會突然一下子消失的。

老前輩猿之肋先生總是講：「雖然不知道以後生活得怎麼樣，但是，珍惜自己的人生，應該就從現在開始。從這個意義上來說，便應該注意從內心裏體會每一天的生活感受。」

德國詩人海涅在《一條路》這首詩中，這樣談到人生：

我們的面前，
是寬闊的大路，
我們是路上的行人。
或徒步，或騎馬，
每個人都在快跑、飛奔；

像是傳達命令，
又像郵遞急件。

是啊！人們像是傳達命令、郵遞急件一樣地匆匆忙忙度過自己的一生，而總是未曾細細品味，就糊裡糊塗地度過了每一天。

人生是一張「單程車票」，沒有回程，靠的是奮鬥。當人生的戲劇演出之後，它便無法重新加以糾正。把拒絕用一百億元換走的青春，變成具有一百億元以上價值的人生。這種人生的深處，就是善，就是美。儘管我們說不出它的具體形象，但是使自己的每個瞬間都能充實地度過，就是美好的真正的人生。

❖加強適應能力

經云：「諸行無常，是生滅法。」

那麼，各位對此是否已真正了解和有所體會？大概未必。

在大學課堂上，老師說：「萬物都在流逝運轉，一切都在變化，這個世界上的一切東西都在運動。這就是無常的原理。」下課後，有個學生沒有離開，他對老師說：「老師，『一切都在變化』這句話不大妥當吧？我覺得我身上就有不變的東西。例如，我和一位女同學在談戀愛，這種感覺就一直都沒有變。」老師說：「那麼把她也叫來跟咱們談一談吧！」

於是，三個人就在學校的院子裏談開了。老師說：「你們的戀愛，有著不會降溫的這個主題。但假定這是一種恒溫，這不就否定了當你們結婚時你們的愛情就更加深一步的事實？愛的加深也是一種變化。希望你們的愛情越來越深。」一席話，說得兩人都笑了。

「諸行無常」既可以是負數遞減，也可以是正數增加，一切東西都不會總是保持原樣，而是肯定要發生變化的。

忠告

如果認為在公司的發展中，不變和變化是截然對立和矛盾的，那就錯了。變化是普遍的。如果對此能採取正確態度和適當措施，就不會發生錯誤。這種適應性是很重要的。

48 心如浮雲，無拘無束

《正法眼藏隨聞記》提到：衲子說，僧人，如浮雲，如流水，無泊無居。

❖不為名利地位所累

有一天，古代名藩主水戶邀請八名學識淵博的高僧來到領地內，聽他們談有關修身養性的問題。開場白之後，水戶對八名高僧說：

「今天，給各位看一件你們沒見過的東西。」

「啊呀呀，沒見過的東西是什麼……務必讓貧僧開開眼界……當今世上的東西，有我們八位僧人沒見過的恐怕沒有吧？水戶先生應該知道這一點，不是嗎？」其中一個人說著。

高僧們正在面面相覷、竊竊私語時，面前的隔扇唰地一下拉開了：在春天黃昏時分青翠欲滴的綠葉中，一個犯人被綁在松樹樹幹上。

「那個人是剛才在不許殺生的禁地上，用步槍打落仙鶴的罪人。我要在今晚懲辦他，所以把他帶到這裏來。我想各位高僧還沒見過殺人，而且一定很想知道怎樣殺人，所以……那麼，拿刀來！」

水戶從侍者手中拿過刀，拔出鞘，看看八名高僧，看到高僧們全都屏息不語，就走近犯人，把寒光閃閃的刀舉到犯人的眼前，喝道：「喂，殺鶴的人！這八位高僧聚集在這裏，據說是給你做超渡的，你應該感謝呀。你是個有福氣的人。好啦，讓你成佛吧！」

水戶用他那使人喪膽的銳利目光緊盯著犯人，即揮手唰地揮刀砍去。周圍的人一聲「啊」都還沒喊出來，水戶的刀卻在離犯人的脖子將近兩根手指頭的地方停了下來。那犯人以為自己的腦袋已經被砍下來了，定神一瞧，刀還沒到自己的脖子。水戶如此反覆三次，但最後還是沒有殺這個犯人，而是解開繩子，把他放了。犯人流著眼淚感謝水戶的不殺之恩後便走了。

這時，水戶轉過身來，盯著眼前的八名僧人，嚴厲地說：「不為罪人乞求饒命的僧人就是破戒僧。我最討厭斷送別人的性命。所以，我要把你們八個人都放逐到外地去！」

❖心境自然無拘無束

人一般都喜歡追名逐利。在春天評獎時，這一點即表現得非常清楚。「給三等獎我可不接受。當次長的，至少應得個二等獎。本校沒有教務長，教務長的工作都是由次長來做，這一點請考慮。」為自己評獎也如此，十足表現了人的本性，非常滑稽可笑。

真像人們所說的，人一過七十，又變成孩子。因為說的都是真心話，所以評獎委員也樂意聽。然而，根據道元禪師的教導，作為禪僧卻不可以這樣做。本來，僧者就是把「如浮雲，如流水，無泊無居」作為生活方式而生活著，因此，「該來的東西自然就會來」，這是人生之幸事。

人們應當知道，一個人在其短暫而可貴的一生中，與其在追名逐利中把有限的生命浪費掉，倒不如在天地自然的人生節奏中，形成自己的生活步調。這才是人生中最重要的。希望你成為一個即使得到頭等獎也不為名利所羈絆的人。

■忠告■

審視自己的內心世界，當然會有對他人不能言說的隱私。在二十個課長之中，有兩個人有望當上經理。我希望，升任經理這一榮幸，最終落在眼底不是盯在經理的名利上，而是看重在經理的職責上。

49 篳路藍縷，一馬當先

《學道用心集》提出：一事若懶，萬事皆懶。喜好避難就易者，可知其無器量，修心養性最難。

❖要做不怕困難的開拓者

在二次世界大戰結束的混亂中，有一個開拓者給灰心喪氣的日本人點燃了希望之光，他就是我在前面提到過的本田工業技術研究所創始人本田宗一郎。他一貫主張：「我們所要做的，就是不斷地推出新產品、並打開銷路。」這就從正面否定了「走現成路」的觀點。

他說：「最初創業、開發市場的第一個人，沒有現成的路可走，必須在沒有路的地方開出一條路來。這時，是否具有開拓精神是很重要的。一切從零出發，生產大眾喜好的東西，開拓未知的市場。若以一個沒有開拓精神的人來看，哪會有如此艱難。但在創業時期，有誰能理解我的處境呢？只是不理解也就罷了，更可怕的是有人在雜誌上發出嚴厲指責。

可是，依我看，指責我的雜誌撰稿人所能理解的那種觀念，實在是再平常不過的了。只是憑藉那種觀念作指導能否成功，令我十分懷疑。

人這種東西，若是自己不理解，就容易妄下斷語，像是靠不住、危險、冒險什麼的。然而，一旦獲得了成功，人們交口稱讚，再也沒有人表示不理解，倒是個個都裝出從一開始自己就贊成的樣子。世人所不理解的，容易給人打上危險的烙印。可是，如果真的在這『危險』前面卻步，就決無真正的開拓可言。誰要是迴避開闢新世界的困難，誰就別指望贏得發展與進步。」

禪也是同道理，「立志修行的人莫想走捷徑。若想走捷徑，就像臨淵羨魚而不肯退而結網，必定達不到禪的境界。佛家境界深廣無邊，以古人的恒心與毅力尚且感嘆修行艱難，何況以今人比之古人，還不及九牛一毛呢！」

追踪開拓者的足跡是一條捷徑，但富於開拓精神的勇者總要另闢蹊徑。人，若是不將其生命全部投入創造性的工作，就會有虛度了此生的遺憾。

有人把人生視作遊戲。表面看來，人生確實像是一場遊戲。可是，真正進入遊戲角色的人，是十分認真的。若要搞清楚遊戲的深義，並非輕而易舉之事。

道元禪師說：「一事若懶，萬事皆懶」，由於這可愛的黃鶯，便深深領悟了：正因為專心而導致的鳴囀，才會產生如此絕妙的聲音。

工作也是這樣，若是達到專心致志的境界，怠惰之心也就無從侵入。每天都要身體力行，每天都要努力，這樣才能成為一個優秀工作者。

■忠告■

誰也不是生來老成。初出茅廬，無論哪一位，都免不了稚嫩；倒是勤學苦練而至爐火純青的例子不勝枚舉。鋒芒早露也是一生，大器晚成也是一生。毋須焦躁，按照適合自己本性的方式去做吧！這樣最好。

50 滿懷希望，心靈充實

《正法眼藏隨聞記》初學的修行者，首先要體察世情與人情，對惡事要心中無欲，對善事要身體力行，就是說要不惜身心。

❖調整內心世界

如果隨心所欲，也就成了「隨處稱王」。可是，似乎也有人自身被欲望所任意驅使，反倒不知所從。在禪的世界裏，內心的節制十分重要。「修行者首先要調適內心，這樣才能甘於捨身捨世」，「隨心所欲、為非作歹者，就是壞人」，這一點可以清楚斷定。但是，難以把握的是，當欲望正當的時候，怎樣才能做到隨心所欲不逾矩就是我們要思考的。雖然實現正當的欲望既是世情，也是人之常情，但是，對於禪來說，未必是正當的行為。

那麼，為了抑制惡欲，怎樣做才好呢？所謂不惜身心，究竟該怎樣一個「不惜」法呢？出家人以捨棄世情、人情為目的而用功修行，可是一般人該怎樣做才好呢？

蕭伯納是出生在英國的當代批評家，他說，為了度過自由的人生，任何時候都懷著希望、孜孜努力，這是一條能夠節制欲望的道路。

有位哲人說：「使人變得聰明起來的不是經驗，而是『期待』，是對未來的『期待』。

一般的人，四十歲以前想到未來的日子還長，總是考慮未來如何如何。可是，一旦過了四十歲，就覺得已經沒有了未來，不再考慮未來的事情，而只是回想過去。然而，真正偉大的人物的卓越建樹，常是在六十歲以後。因為偉人無論在何時，總是考慮未來。無論何時對未來都抱有期待的人，總是孜孜努力。使人成為偉大的，正是對未來的期待。」

人的壽命有限，要捨棄私心雜念，珍惜分分秒秒，活得充實、快樂才好。只要心中永遠懷著對未來的期待，心靈就永遠是自由、年輕的。

忠告

只是自己生存就已經不容易了，何況還要滿腔熱忱地給他人的生存予以幫助，這樣的人的確是好人。即使在商業社會，也還是應該提倡關心朋友、關心他人比關心自己為重的人性。

51 順時應變，責任在己

《正法眼藏隨聞記》宇宙即我，我即宇宙，決無迴避的餘地。要說迴避之地，宇宙就是我脫身的生路。

❖順應時變爭取主動

當年在中國東北地區的重工業建設而服務的鮎川義介，由自己的人生體驗出這樣一個結論：「人生的旅途，走到六十歲已經相當長了，但是，如果去路是一帆風順的坦途，回程就短了；相反的，去路雖短但崎嶇坎坷、變化多端，那麼，回程就長了。」的確是這樣。對於在事業中走完全部生涯的鮎川義介來說，這正是他的深切感觸吧。

人生到這個世上，人與人之間，素質、體力、智力、財力等各個方面都不盡相同。有幸運者，也有不幸者。有時讓人感到似乎有一種不可抗拒的宿命在冥冥之中起作用。

可是，也有無論對誰都完全平等的東西，那就是「時間」。只有時間對誰都是一天二十四小時，一年三百六十五天，無論是多麼尊貴的國君，還是多麼闊綽的富人，都無法攫奪、收買它。無論對於誰，一天就是一天，一年就一年，這是鐵定的。

時間，老天對誰都公平地賦予，問題是在全部生涯中怎樣有效地使用。道元禪師所說的「宇宙即我」，意思是說，世界就是我本身，在這個既定的世界中，怎樣有效地利用上天賜予的機緣，充分調動、發揮自己的潛能，即是自己的責任。如果只是想到這個世界為誰所有、為誰而用，那麼，真正的自我就無法確立。

彼得・杜拉克說：「對於經營者來說，惟有時間具有最值得注意與管理的珍惜價值，時間是一種獨特的資源。」道元禪師的哲學告訴我們，世上的萬物，都是我所應該接受的。按照這一精神重新審視世界，世界萬物就會變得栩栩如生了，自己彷彿置身於快樂的伙伴之中，每天都會變得充實、幸福、愉悅起來。

把這個世上發生的事情，一切都往好處想，生活就變得生機盎然了。

■忠告■

存在於人世間的，其自身因為必要才存在。無論何人，無論在何處，都要盡力完成自己的使命。只要有盡心盡力的勇氣，就沒有闖不過的難關。

52 精益求精，充實人生

《正法眼藏隨聞記》佛家對生抱持達觀，對死也抱持達觀，生死乃是定數。

❖竭盡全力生存

怎樣度過自己的人生，怎樣竭盡全力生存，這個大問題不僅為佛家人所注重，而且也時時困擾著被大自然賜予生命的所有人。有生命者，總有一天要死。有因工作積勞成疾，躺在醫院的病床上慢慢等死的，也有下班之後喝上一杯酒，回家泡到浴盆裏猝然死去的。無論對於誰來說，死都是可怕而忌諱去談論的大問題。

生存是一個大問題，死亡也是一個大問題。人死時，心臟停止跳動，一生完結，猶如蠟燭燃盡，煙飛燈滅，萬事皆休。比起死來，生存要艱難得多，個中滋味，難以言傳。

人皆是有感情的血肉之軀。認真地想起來，對於人生來說，經濟生活是夠讓人煩惱的，比較起來，怎樣實現自我的人生價值更非易事。儘管不容易，但說起死來，誰也不願去死。最重要的，應該是怎樣竭盡全力在目前的艱難困苦中生存下去。

十字街烹飪學校的創辦人，把人生的吟味融滙到烹調之中，可以稱得上是烹調的達人。他說：「烹調的好壞，不只在於技術的高低，還取決烹調者『心』的投入。具體作法，無論是誰，只要學習，總能掌握，但是，要能達到讓用餐者心情愉悅的程度，還需要投入歷經苦修之心。事有餘裕，才能傾心盡力，烹調也才能提高效果，讓人滿意。要掌握這個力度，至少要花十年功夫。」

這就是所謂的以「人生吟味之心」來從事烹調的道理。人生通過工作再生。人生多艱，有哭的時候，也有笑的時候。無論何時，都要每天潛心修行，加深領悟，磨礪魂魄。「對生抱持達觀，對死也抱持達觀」，不是人生至為重要的嗎？要達到這一境界，「至少十年」的修行無論如何也是必要的。十年之後，當然還是要進一步修行才行。

❖不如死神何時降臨必須珍惜現在的生存

宗教家思考「死」，但不是為死而思考死，而是為了生存而思考死。因為死存在於「生」之中。

奧爾索普是尼克森總統的政治顧問、對蘇戰略顧問。一天早晨，奧爾索普正在院子裏，突然一股劇痛襲來，他撲然倒地。直到昨天，奧爾索普還很健康，仍對外界發表政治評論，可是現在竟然遭受了難以置信的劇痛的襲擊。經診斷，確定為血癌。年輕的主治醫生邊看著病歷，邊漫不經心地說：「您是血癌。」大個子的奧爾索普因過於震驚、悲傷而跑進病房的廁所裏，坐在抽水馬桶上哭了長達兩個小時，死亡竟是如此迫近了嗎？他被不幸所擊倒……

無論是誰，碰上奧爾索普那樣的情況，都容易產生他那樣的心緒吧？當死亡之神不走向他人，而是突然向我逼近時，在那一瞬之間，人的自信一下就會喪失殆盡。如果我們把不知何時來臨的死亡作為前提而來對待目前的生存，那麼，就會倍感生命的可貴，從而倍加珍惜生存的分分秒秒。

忠告

以為死神唯獨不會光顧自己，這是一種誤解。自己的生存狀態，要由自己設計。覺悟到人總有一死，就會格外珍惜現在的生存。這樣的心靈充滿了生機，著實令人讚佩。

53 自我選擇，別無他途

《正法眼藏隨聞記》提到：生死乃是佛陀之命，虛度此生，便是對佛陀的背離。

❖自己的道路自己選擇

木偶劇表演藝術家桐竹紋十郎先生曾經說過：「即使是再笨拙的人，即使是沒受過教育的人，如果他做一項工作長達五、六十年之久，那麼，自然而然地就會摯愛自己的工，進而想經由工作得到各種好處，想得到社會的承認，這種欲望的產生本屬人之常情。」

人生總有不得志的時候。剛進公司第一年，「豈有此理！實在是……」初來乍到，見人矮三分，難免有幾分悲觀。忍氣吞聲熬到了第三年，心裏說：「再也不能在這兒幹了！」第五個年頭，有人說：「好了，打定主意，就在這兒繼續下去吧！」有人還在猶豫「到哪兒都一樣，何必老守在這兒呢？」有人乾脆遞上辭呈，再見了。

無論什麼樣的人，在自己的工作上如果不奮鬥十年八載，就打不開局面。俗話有「受壓十年」說的就是這個意思。剛到社會上從事工作，要養成早到晚退的習慣，憑著自己的意志與毅力堅持十年以上，才能在社會上站得住腳。

原三和銀行會長渡邊忠雄，每當新職員入行一年時，他都要對他們說：「諸位入行已經一年了，恐怕有點悲觀吧？這樣的情況，還要再忍受一年，這樣才能打開局面。可是，過了三年就不能悲觀了。那時還是怨氣沖天的人，還是離開本行較好。俗話說，『受壓十年』啊，沒有忍耐十年的精神是不行的呀！」

社會現實不斷發生變化，一刻也沒有停止。生死無常，公司的情況也瞬息萬變，社會上的情況更是變幻無常。作為身處萬變之中的自我，如果以不變的姿態，冷靜地觀察社會，那麼，是準備度過悲觀的人生，還是打算度過樂觀的人生呢？在這個問題上，心靈的自由誰也無權干涉。認真省察一下，其實內心世界也是每時每刻都在變化，簡直難以把握。所以，必須好好地審視自己，讓自己在實踐中磨鍊，才能倍加珍惜此生，認認真真地生活，使生命充實、完美。

身為大宇宙與大自然的一分子，如果讓生命飄然虛度，就等於失去了生命的意義。這樣的人也配說話嗎？所謂自由地生存，是指把大自然的生機作為自己的生機，瀟灑、剛健地生存。

忠告

看山心靜，看海心寬，看星辰心境清朗，看大樹心地質樸。佛陀的生命與我們自己的生命本為一體。

54 珍惜生命順應自然

《正法眼藏隨聞記》身不由己，生命隨著光陰流逝，片刻也不肯停留。紅顏易老。

❖長壽的秘訣

人壽保險公司徵詢調查了315位百歲以上的長壽老人（其中男性67人、女性248人）。根據這項調查，長壽的第一條秘訣是「凡事不要認死理、想不開」，也就是說，要以悠然曠達的心情生活；第二條秘訣是「不要暴飲暴食」，良好的飲食結構是魚類、蔬菜與水果各占三分之一。每頓飯吃個八分飽，經常吃熱量低而維生素含量高的東西。並且定時用餐的習慣也很重要。古話有「八分飽，不求醫」，暴飲暴食的「美食家」肯定成不了長壽者。

現代社會是萬事離不開金錢的社會，把錢存入銀行以備將來花用是件好事，另外，入股投資也能使財產增值。誰都明白，沒有金錢，就沒有舒適的生活。可是，有一個比金錢更為重要的東西，這就是「健康」。人在神清氣爽工作的時候絲毫不考慮健康的問題，可是，一旦得了大病，就好像好不容易積攢下來的錢一下子丟掉一樣。實際上，得之於父母乃至天地萬物的身體比金錢更值得珍惜。千萬不可忘記給自己身體投資的機會。

文學博士近藤壽治先生以八十高齡獨自一人乘電車，不管車上人多擠，路上怎樣顛簸，堅持到研究所上班。他說：「人若是不與一般人一同生活就會退化，精神與體力都會衰退。研究所本來說要給我派車，我謝絕了。在擁擠的電車上，即使像蒸饅頭一樣地人擠人、擠得熱氣騰騰的，但是，如果身邊挨著一位年輕漂亮的姑娘，那麼，自己也彷彿變得年輕起來。可是，一旦沒有了精神與體力，擠電車上班的心情也就一點兒也沒有了。而我當然有擠電車的精神與體力準備，出門的時候才會樂意去擠電車呀！」

僅僅長壽不見得好。在床上臥病的長壽者，精神是痛苦的。無論是誰，都不希望那樣。因此，不能忘記對健康的投資。人的生命「隨著光陰流逝，片刻也不肯停留」，倏忽之間，少年時代的紅顏便杳然無痕。

即使堅持說自己的身體是自己的，但壽命的長短，畢竟不是自己所能夠隨意決定的。在時間的長河中，人的生命只不過是短短的一瞬，而它又似乎被冥冥之中一種不可知的力量在主宰著。所以我們應該做的是——讓這一瞬間充實起來，而後生機勃勃地度過一生。

忠告

要知道自己的身體並非自己所有，站在這個基點上，人生的視野更廣遠而清朗。意識到自己的身體是被一種力量所主宰，心裏就充滿了感激。讓我們的生命順其自然，像自然一樣宏偉壯麗吧。

55 應做則做勇氣可嘉

《正法眼藏隨聞記》不由自主地折磨身體，強做不能做的事情，這些都與佛法無緣。佛教主張遵循戒律行事。

❖清晨讀經，整日平和

佛教並不是像一般人所想的那樣，特別虐待身體，專門與人的自然本性作對。佛陀的教義，首先要求摒棄自己的邪念，只是一心一意地遵循佛陀所確立的戒律而修行。如果照此行事，無論是誰，都必能步入平和、怡悅的生存境界。

我們應該知道，佛教合理思想的基本是牢牢紮在人的本性之中的。若與人的本性相悖，就不可能有那麼大的感召力。正因為佛教主張把自然之「心」作為自身之「心」，看準無常的道理而生存，所以，佛教所指引的道路，應是人間真正的生存方式。

原經濟團體聯合會會長土光敏夫先生，是個脾氣暴躁的人，對著當時的首相三木武夫也敢大聲吼叫。後來，這位土光先生，每天早晨捧讀《法華經》，心境才漸漸獲得平和。

他說：「清晨，洗罷臉讀經，由此開始了我的一天，精神飽滿，努力工作。但身為凡夫俗子，也屢屢失敗，甚至失敗的時候相當多。每當此時，我就動念坐在佛前以求靜心。傍晚，回到家裏，在佛前稽首，反省當天的事情，以此平和地結束一天的生活。為什麼要每天讀經呢？這是因為每天懷著不安的心情沒法工作，所以我才由讀經來平復自己不安的心情。」

這種專心致志捧讀《法華經》的經濟界首腦的形象，有著想藉此把全部精力用在手頭的工作上的意味。這一點非常重要。

他又說：「我並不是說不能向前看。打個比方，人每天工作，當然也一天一天地向前進。所以，今天的事情一定要今天做。當然，要有十年規劃、二十年規劃，可是，歸根究底，如果沒有天天作明確的計劃，長期規劃也就沒有任何意義。在這個意義上，可以說今天就是一切，回顧昨天也於事無。當然，事情既有失敗的時候，也有成功的時候。如果失敗了，唉聲嘆氣又有什麼用處？反正已經過去，乾脆就不要再去想它，而把全部精力投入到手頭正在從事的工作上，這樣比起因回想過去而分散精力豈不更好？」

沒有道理的話概不言說，所說的都是最應該做的。佛教的虔誠信徒土光先生的人生哲學不無道理，人要有勇氣去做應該做的事情。

❖佛教：身心健康的法則

人們對「邪氣上升，正氣不揚」這樣的道理，幾乎都能侃侃而談。但是，現實和理論之間，卻仍有大相逕庭的地方。如果不同的道理都能相互取得平衡發展，財富當然也就不會被少數人聚斂到了驚人的地步。

政界、經濟界的大人物們，明知無理，偏要強制推行他們那一套。譬如，有一項旨在稅收公平的提案，山中貞則議長對此老大不高興，他反覆說：「這項提案與百分之九十八的國民沒有關聯，只是讓百分之二的富人有利。」可是，為了百分之二的富人的利益，卻公然修改稅金的行為。正是所謂「邪氣上升，正氣不揚。」

有人說，佛教就是讓人不由自主地折磨身體，強做不能做的事情。其實根本不是這樣。佛教主張一切不違背自然，教導人們合理、樸素地生活。「早睡早起」是佛教的身心健康法。順乎自然，摒除雜念，心境就空靈、清澈、明朗。

忠告

「紅燈，如果大家闖，就不怕。」這句話一語道破了現代的精神結構。可是，這不是個理。所以，不管怎麼說也成不了主流。如果違反自然之道，人生就不會有生機盎然的綠色。

第五章

改變，綻放新的人生

——有志者事竟成

56 一日不作，一日不食

《正法眼藏隨聞記》百丈禪師年事已高，但是他仍然和眾僧一起普請打坐，眾僧因擔心他的身體，共同商議讓他停止工作，勞動的時候，把他的工具藏起來，百丈禪師為此一日不食。

❖一日不作一日不食

百丈禪師從年輕的時候起到坐化圓寂之日，每一天都毫無例外地與眾僧一起勞動。因為他年事已高，為了照顧他的身體，其他和尚一起商議，不讓他再工作，於是他們想到在勞動的時候把他的工具藏起來的方法。為此，百丈禪師一日不食，這意思很清楚，是要堅持與大家一起勞動。對此，大家感到十分焦急，因為不吃飯人是會死的，所以到了第二天，和尚們又把工具還給了百丈禪師，這就是著名的百丈禪師「一百不作，一日不食」的故事。

百丈禪師的言行，對禪的世界產生了很大的影響。經常留意不給別人增添麻煩的劍道家矢野一郎與百丈禪師之心是相通的。他說：

> 人的一生與他人共同度過，只有在關心他人的同時，又得到別人的關心，才算是幸福的人生，而那種只顧自己，不管別人，各人自掃門前雪，莫管他人瓦上霜，即是『以鄰為壑』的作法。譬如說，我們每天都要外出，是徒步呢？還是乘車與他人同行呢？選擇前者是因為對自己比較方便，但是，如果僅僅只考慮到自己的方便，並且因自己的方便而麻煩了別人，那麼就應該考慮乘車了。
>
> 我認為自始至終都要把不給別人增添麻煩的事掛在心上，無論是海上航行、山上爬山，還是乘車、參加集會，只要是與他人在一起的場

合，每個人都要千萬注意，不要使自己成為別人的累贅。

生活中有這樣的現象：在一些交叉路口，為了方便行人、老人和帶小孩的人，都裝有交通指揮的信號燈。但是，我們卻經常看到有些年輕女郎，在讓行人通過的信號燈才剛亮，即旁若無人地拚命向前衝，結果，只有她一人匆匆走過，也因為她「向前衝」的行為，使得數十輛自行車不能按時通行，於是騎車人只好無可奈何地對著信號燈搖頭嘆氣。

這樣的女郎認為，這個時代是利己的時代，並鼓吹所謂的利己主義。但是，利己的時代是人類難以存在的時代，無論怎麼說，自己總是大眾的一員，與他人生活在同一個社會中，盡量不要使自己成為別人的累贅。

❖實踐重於理論

百丈禪師的話深入人心，「一日不作，一日不食」的精神便使道元禪師的心深受感動，而在道場修行的僧人則反覆傳頌著百丈禪師的話。

以禪心來看，禪的境界不僅限於普請打坐的勞動，而在人們的日常生活中，凡事僅口頭說說不去實踐，也不符合禪的精神。一位女子大學的學生對同學說：「從明天開始，我每天早上都要跑步鍛鍊，到時請喊醒我。」既然心裏想跑步，為什麼行動上不能自己早起而還要別人來提醒呢？結果到了第二天，人們去看她幾點開始跑步，然而，卻沒有見到她。

人做事，最重要的是不能僅僅停留在口頭上，有的人平時有著各式各樣的打算，並為完成自己的計劃可以找到各種的條件，但實際上卻連早起一次的毅力都沒有。今日不再來，過了今日生命就少了一天，今日事一定要今日做完，因為只有這種意志堅強的人，才能達到幸福的境界，而人如果沒有「一日不作，一日不食」的決心，在生活的道路上終將一事無成。

■忠告■

電視普及以後，世界進入了一個新的時代，連戰爭都可以通過電視進行實況轉播，於是出現了電視評論家。然而，要想讓評論有說服力，在批判別人的同時，只有自己也同他人一樣，曾在某一問題上付出過同樣艱辛的勞動，自己的評論才具有令人信服的魔力。

57 珍惜塵世中的自身

《正法眼藏隨聞記》提到：香嚴禪師說，人們累積身外之物，終身恨無多，不知不覺，自身化為荒塚中的塵土，不要再說什麼，無言的白髮讓人思索。

❖人是要化為荒塚中的塵土的

這是香嚴禪師「無常偈」中的意思，耐人尋味。世俗中人，經常絞盡腦汁，東奔西跑，為了什麼呢？不外乎是為了一些身外之物，如名利、地位等等，有了這些，人就可以出人頭地。而其結果是，終日在世俗的污泥中跋涉，身心疲憊不堪，得到的名利地位，也只是一些難以堅持的無常幻影。

今日是宰相，他日為階下囚，宦海沉浮，不知老之將至，生命稍縱即逝，轉眼之間化為荒塚中的塵土。人與其這樣摧殘身心，追求無聊的名譽、地位、財產，還不如讓隨時都有可能在這個世界上消失的自己去皈依佛法，而發乎本性，自由自在地生活。

被譽為「四步爵士歌舞之王」的淡谷女士有著深刻體會地說：

> 支撐自己的——只有自己！
>
> 人一生中會遇到各種的困擾，不隨人意的事情會帶來苦惱和憂愁，身處逆境的時候更是如此。在這樣的時刻，人的精神支柱到底是什麼？正確的回答是『自己』，而書籍、朋友、家人安慰的話語會使你感到溫暖，也可以給你許多啟示，但不會成為答案。
>
> 我清楚地知道，對人生的答案只有『自己』才能做出來。
>
> 我年輕的時候，家中生活貧寒，甚至連白米飯的味道都沒有嘗過，當然，自己的音樂愛好也無從實現了。理想、希望更好像一個個的泡影

很快就破滅了，我想：『還不如死了的好』。我把這種念頭告訴叔叔，叔叔冷冷地說：『如果人到了想死的地步，那就什麼事也做不成了。』聽了叔叔的話，我悲傷地哭了起來，在眼淚中，我看到了自己的問題，找到了自己的出路。

人類賴以支撐的只能是自己，若不依靠自己，什麼事情都要由別人代做，終將一事無成，人應該滿懷希望的過生活，揚起生命的風帆，從現在做起，發揮自己最大的潛力，這樣，人即使在沒有路的地方，仍然可以走出一條新的道路。

淡谷女士無心於一己的得失，甚至專心致志地追求唱歌藝術，實在令人感佩，她那生氣勃勃的丰姿令人留下深刻的印象；在她放棄了自己賴以成名成家的慢四步爵士歌舞的演唱之後，發現了更為廣闊的音樂道路。

❖抓住現在充實地生活

某個商業工會的會長離開了人世，他志向遠大，一生廉潔奉公，生活簡樸無華，深受廣大市民的愛戴。他的葬禮在該市的菩提寺舉行，人們為了表達自己的哀思，向他敬獻花圈，五百多個花圈排列得莊嚴肅穆，表達了人們對他的懷念之情。當說到遵照死者的遺囑，從他的遺產中提出兩億日元支援市政建設時，人們慟哭失聲。

此時此刻，一位菩提寺的和尚流著眼淚說了一段話，聽後讓人心情久久不能平靜，在眼淚中看到了更為意義深遠的問題。他說：「這是本市成立以來的最大規模的葬禮，葬禮的隆重說明已故會長是一位德高望重、了不起的偉人。然而，如果二十五年後，了解已故會長的人就不會存在了，再過五十年，連他的墳墓也要被人遺忘了，人生其實是虛幻的。」

忠告

人在這個世界上，應該怎樣渡過自己的一生？只為自己而活是可憐的。人都是父母所生，父母又是祖父母所生，在這個世界上，你連著我，我連著他，記住這一點是十分重要的。

58 不思自己，平等待人

《正法眼藏隨聞記》對於眾生不分親疏遠近，平等地濟渡他們。對於世俗中一切利益，不要只想到自己，應默默地去幫助別人。

❖不想自己的利益

哪怕大雨傾盆，
哪怕狂風呼嘯，

哪怕漫天大雪，
哪怕炎炎酷暑，
我以健壯的體魄，
經常對著大自然，
平靜地一笑。
沒有欲望，
不會產生欲火，
每天吃的是，
四合粗米，
豆漿伴蔬菜。
一切事物，
令我驚訝，
我願意多看多聽，
我願意記在心裡，
但卻難以勾起我的感情。
茅屋，掩映在

曠野松林的樹蔭，
病了，
到東面去求醫，
母親疲倦了，
去西面幫她把稻子揹回家。
南邊有人離開人世，
不必害怕，看看也行，
北邊有人吵架，
太無聊，勸他們不要再爭吵。
乾旱的夏天，我流著眼淚，
多雨的夏天，走路
像木偶一樣顫巍巍，
不為人愛，
也不被人恨，
這就是我的心願，
這就是我的理想。

這首詩充分表達了宮澤賢治（編按·日本童話作家）的感情，生前這首《哪怕大雨傾盆》沒有發表，死後才被人發現，遺詩寫在一個黑色封面的手抄本上。這首詩的精神與禪的境界是相通的，讀了它，人們在許多地方都可以產生共鳴，並得到很大的啟發，作為宮澤的遺詩，大有仔細玩味的必要。

一九三三年九月二十一日，宮澤賢治離開人間，時年才三十七歲，如此年輕，實在令人惋惜。在他短短的一生中，他完成了數倍於健康人的事業，雖然多年臥床不起，病中多次休克，但仍然不間斷於自己的創作，寫有「二十八日」字樣的黑色手抄本上的詩還未來得及發表，他就溘然長逝了，而其詩充分表現了詩人死前百感交集的心情。

不希望快樂，
不稀罕功名，
唯一至死不渝的希求是
請允許，
以我貧弱的肢體，
帶著點點灰塵，

手捧《法華經》，
成為父母的僕人，
以兒女的寸草之心，
去報父母三春之暉一樣的恩情。

宮澤賢治經常思索這樣的問題：人是什麼？為什麼生，為什麼活？自我是什麼？在這個世界上應該怎樣做？在思考這些問題時，他整個心都在燃燒，激盪的感情像燎原的野火一樣難以控制，《哪怕大雨傾盆》一詩真實地反映了他的內心世界，呈現了他平等待人、不思自利的思想風貌。

❖不要忘記製造差別是與他人為敵的作法

人們最討厭的是製造等級差別。侵華戰爭中，大陸上的日本兵是極為殘暴的，不僅在戰場上實行武力逼壓和領土吞併的政策，而且對一般的民眾採取製造等級差別，此不平等待人的惡劣行徑，實令人難以忍受。

一天，一位乘人力車的日本陸軍中尉，在換崗之前痛打中國的老車夫，另一個日本警察則視若無睹，打得老車夫鼻口出血，淚流滿面，而後，中尉揮舞著軍刀，不付車錢，揚長而去。過來安慰車夫的人問：「為什麼毆打老車夫？」原來是因為他跑得慢，耽誤了交班的時間，日本軍官認為這是老車夫的責任，不僅不付車錢，還動手打人。見此情景，在場的中國人莫不義憤填膺。

如果這位日本中尉能平等待人，對老車夫說聲：「謝謝」，然後付上應付的車費，那他一定會因而贏得中國人的好感。微笑是一個人富有的表現，親切則可以使人心心相通。

忠告

等級觀念出自貧乏的心靈，內心充裕者不會製造差別：「我是部長，你是平民，住嘴！」這樣的等級觀念應該拋棄，人與人之間，不妨用微笑來代替它。

59 珍惜生命，以求正法

《正法眼藏隨聞記》為了獲得正法，還應該珍惜這卑賤之軀……

人被欲望蠱惑，終日「我」、「我」、「我」……鑽到利己主義的大網中，怎麼也擺脫不開，這種人內心是困惑的，目光是短淺的。只有捨棄私欲，人的心胸才能開闊，並以淡泊的態度對待人生。

人為什麼會被私欲所惑，終日為無聊的地位、名譽慘澹經營；以致忽視自己的內心存在，僅做一些違背自己意願的事情呢？這種人生是怎樣的痛苦啊！為了擺脫這種痛苦的人生，人應該學習佛祖的正法，掌握它的真髓，否則沒悟性，僅僅從自己卑賤軀體的需要出發，不學習尊貴的生活方式，糊裡糊塗，行屍走肉一樣，這不是在浪費自己的生命嗎？

原伊藤忠商會會長瀨島龍三，曾做過關東戰敗特使出使蘇聯，且被關押十二年之久。西伯利亞的孤獨生活，在失去生活的信心和勇氣的情況下，實在是難以忍受的。

由於沒有精神之柱，生活更加痛苦，於是就信起佛來了。他說：

> 我用外出放風時（編按・監獄每天會定時讓犯人到院子活動的時間）撿回的石片，在牢房的牆壁上刻了一個觀音像，每天專心致志地叫著觀音的名字，不可思議的是，我終於平安回來了，這也許是觀音菩薩的保佑吧。
>
> 為什麼我要叫觀音的名字呢？這是在我很小的時候，迷信的母親告訴我：『龍三，如果實在無法解脫自己的痛苦，就一個勁地叫觀音的名字，觀音聽到以後，一定會來救你。』我叫觀音的名字的時候，因為不想其他令人煩惱的事情，心裏頓而感到輕鬆，同時，生活的勇氣也漸漸

回升，漆黑一團的心幕上閃出一點光亮，而且越來越亮，不安也隨之消失了。

不論在什麼樣的情況下，在人的內心深處都會存在著光明，端看你能否發現它，找到它，用它來支撐自己勇敢地生活下去，這樣，誰都能在折磨人、且讓人感到死了比活著好的獄中堅持十二年。佛法認為，即使是卑賤之軀，如果為道為法堅持下去，就可以變得無比高貴，遵照這一佛理，不僅可以在危難中救人性命，而且生命會因此充滿光明。

❖己所不欲勿施於人

自私自利的人不會有絲毫的快樂可言，因為他們只會以貪婪的目光追逐金錢，看不到別人的真正價值，他們衡量人的標準，就是別人在自己的眼裏到底有多少利用價值。經常戴著兩個金戒指，甚至連袖扣、門牙都是金的，到處充滿銅臭氣，人與人的關係則是赤裸裸的金錢關係，經常沒有禮貌，卻恬不知恥地說：「經濟狀況實在不好，盡是來借錢的人，我看不必工作了，光拿利息就夠用了，如果經濟形勢不好轉，可愛的人便會來得更多……」

好不容易才學到的賺錢本事，怎麼使用都沒有關係，然而以一個「自私自利」者終其一生是令人生厭的；如果你是一個會賺錢，且把自己的錢借給別人，經一一經手，就可長利，而大發橫財的人，不要忘記：世界上有因你的發財而哭泣的人，若只考慮自己不考慮別人，最終將被所有的人唾棄，而寂寞地度過自己的一生。如果你想施於人的話，最好自己要先做被施予的人，並做到「己所不欲，勿施於人」的原則。

■忠告■

經過自己的努力所積攢的東西，無緣無故地送給別人，是讓人感到難受的，然而如果嘗試捐獻給公益事業，你的心便會感到十分充實，如果向痛苦的人伸出援助之手，則會感到真正的幸福。

60 胸懷大志，不拘泥於小事

《正法眼藏隨聞記》古人並非身體全都是鋼筋鐵骨，只是立志之後，專心致志，要做大事時，忘記小事之緣故。

❖絕望是墮落的開端

古代的名人並非個個才能超眾，體力過人，反而經常被病魔纏身，屢遭不幸，甚至失去生活信念，不過在此時皈依佛教，獲得正法，成為一代名師的人也是很多的。

人生大忌是浮躁，水過地皮濕，收穫不大便灰心喪氣。不論目標是什麼，都必須持之以恒，灰心喪氣，隨之而來的即是頹廢和墮落。

升田幸之是著名的棋界前輩，雖然病魔纏身，但在比賽的時候卻能以堅強的毅力、出奇制勝地戰勝對手。他曾這樣說過：

> 我脾氣急躁，曾因多次失利而停止過自己的追求。但是消沉與絕望是頹廢的開端，每次消沉的時候，我都自己激勵自己，不要失去自信，不要無精打采、神情恍惚，不要總是後悔，只要勇往直前，什麼都能做好，充滿自信的人決不迷惘，決不困惑，總是堅定地說：『我能做到』。
>
> 說我『老』，也許是從尊敬的意義上講的，如果從這個意義上說，是令人產生好感的。但是樹老了既不開花，又不結果，還有什麼用處呢？但也有例外的情況，例如，我的故鄉有一株雙手環抱粗的櫻花樹，我曾以為它大概只有樹皮還是活的，根部已經枯朽，且可以看到裡面的空洞。令人驚喜的是，它自己在根部又長出幼芽，幾棵嫩嫩的小苗顯得

十分可愛，這是怎麼回事呢？我曾站在一旁認真地思考過這一問題。

長壽的人仍然是聰明的，對社會有用的，到老年大器晚成的人很多，但遺憾的是，不能再為社會做出更大的貢獻了。在年輕的時候努力工作，而到老是富翁還是貧苦，自然不好預測，但總算是度過了有意義且富有生氣的人生，這是很有趣的問題。如果從年輕的時候起，雖然學習好，但一涉及到利益，就像精於計算的算盤一樣，馬上就抓到自己的腰包裡去，這樣的人即使到了老年成為富翁，然而對於社會又有什麼作用呢？

為了求得安全，在打雷下暴雨的時候，躲到大樹底下，結果，也可能被雷電擊中。認定自己前進的道路之後，不要為雷雨之類的小事所動搖，不要短視，而想去求得一時的安全，應該精神飽滿地向自己的目標奔去，而不必為一些小事分散精力。

❖人有志事竟成

大部分的人往往容易被一些小事纏住手腳。不拘泥於小事的臨濟宗國泰寺派本山寺、國泰寺管長稻葉心田老師這樣寫道：「我發誓為了一切有生之靈，為了萬事萬物，把尊重生命嚮往和平的象徵——利生塔，重建於和我有不解之緣的國泰寺。」只有這樣，才是不拘泥於小事，因為這是身負重任、普渡眾生的行動。

讓人對萬物有「感謝之心」是稻葉心田老師的大志，道元禪師說：「古人身體並非全是鋼筋鐵骨，只是立志之後，專心致志。」心田老師的誓願可以從這裡獲得解釋。

■忠告■

任何偉人都不是生來身體強壯，有不同於常人的鋼筋鐵骨，而是意志剛強，如果有「這些任務讓我來完成」的意志，不為小事分散精力，生活的道路就會充滿陽光，顯得無心寬廣。

61 人生積極，淳厚正直

《正法眼藏隨聞記》說：我笨拙、遲鈍但決不卑下，今生所願，不知何時能夠實現，然而，我堅信一定會實現。

❖自己並不卑下

古代的佛祖，原先也都是凡人，凡人時期必然有不好的行為、不好的思想，舉止顯得笨拙和遲鈍，決沒有生下來就才華出眾，而被認為是非凡之人的。總之，佛祖和一般人一起降生到這個世界，和一般人沒有什麼區別。

森村組的創業者森村市左衛門先生，一生淳厚正直，成為一代人的佼佼者。他認為：「我的事業之所以能取得如此巨大的成就，決不是僅憑我個人的力量，應該說這是公司全體同仁共同努力合作所取得的結果，然而，在眾多的同行中，為什麼我的事業會受到大家如此的厚愛呢？

剛開始創業的時候，我沒金錢，沒學問，也沒有經營商業的才能，有的只是追求的努力和淳厚正直的秉性。也可以說，我正直得有些愚蠢，沒有說謊的智慧，沒有領導的謀略，更沒有憑三寸不爛之舌到處招搖讓人拿出錢來的能力，因此我只能秉持著個人原則，即淳厚正直，勤勤懇懇地工作，這種誠心誠意的生活方式更容易取得別人的信任，贏得大家的厚愛，因此才會普遍得到了人們的同情和支持。以我的經驗來看，人生積極、淳厚正直，比商業貿易繁榮和搞公共關係學要好得多。」

這些話裏含有積極的人生態度，而且淳厚正直的森村市左衛門先生和執著地追求正法、不想走任何捷徑的佛祖們走的是相同的道路。

自己沒有根基、沒有學歷、沒有金錢、沒有地位，便認為自己什麼也幹不成的人是很多的。他們什麼也不想做、不敢做、不願做，整天自暴自棄，消極悲觀，浪費自己寶貴的生命，這是完全錯誤的。沒有什麼一定是壞事的，只要從現在做起，並從腳下起步，道路一定能夠走出來，人最重要的是不能沒有志氣、沒有理想，有了理想，人們才會產生向理想進發的勇氣，並用自己的行動去創造更為美好的明天。

沒有特別的天才，也沒有生來就是出類拔萃的奇才，有的只是根據自己的節奏，並發揮自己的力量，執著而不懈地努力的人。

■忠告■

「我因為只是初中畢業，所以不會對人講話。」這種自卑會有什麼好處呢？會不會說話，是取決於發現自己的體驗的能力，這種能力能否產生，其先決條件又是看你能否克服自卑心理。要挺起胸膛，堂堂正正地做人！

62 持之以恆，日積月累

《正法眼藏隨聞記》生死事大，無常迅速，教家禪家都是持這種看法，旦夕之間，或許可能死，或許可能病，人只能無條件地接受這一切。

❖人生最愚蠢的是虛度光陰

中國宋代的如淨禪師，在天童禪院進行參禪指導，如淨禪師每夜都連續打坐，連睡眠的時間都盡其所用，為的是取得更大的學習佛法的進步。但是，在和尚之中也有很多睡覺的，故如淨禪師在巡察的時候，如看到有偷懶、睡覺等情形，對他們或者拳扛，或脫下　下的鞋子打。等弟子們醒來之後，禪師又鼓勵他們向上。有一次，如淨禪師召集眾僧說了這樣一段話：

「大家是為了修行的目的才來到僧堂上，但是來到僧堂以後睡覺又怎麼能修好行呢？你們好好睜眼看看，世間人誰不是終日忙碌，帝王、官吏、庶民皆是如此，帝王致力於王道，官吏盡忠職守，庶民拓荒種田，清閒度日的人哪裡都不可能找到。你們來到寺院修行，允許你們脫離世上的職業，是因為你們另有任務，而你們的任務就是學習『佛法』，在坐禪的時候睡覺能學好佛好嗎？你們應該好好想一想。生死事大，無常迅速，睡覺虛度光陰是不對的，也是最愚蠢的。」

早川電機工業的創業者，已故的早川德次先生在回憶時，也說明了日積月累的重要性，他說：

我經常使用『累積』一詞，意即長期孜孜不倦地累積下去，這對人生是十分重要的。我十五歲進入成年之後，眼看就要獨立生活了，可是，當時我沒有資本，無依無靠，碰不到什麼好的機會。

恰巧正是那年，好像很偶然，我申請做腰帶上的環扣，且得到當地的許可，於是大批的訂單很快就湧上門來，師傅勸我應該完全獨立經營，從此，我才開始真正的獨立。

後來我回憶這件事——『褲帶環』的訂單，的確使我走上獨立的道路，但這決不是偶然的事，因為在這之前，我的心中早已經有了清醒的獨立意識，七年期間，我從作鐵匠鋪的小伙計到獨當一面的經營者，這之間所累積的經驗，除了技術，就是所謂的『專心致志』，而這些寶貴的經驗，都對我的『獨立』有著舉足輕重的影響。

不要虛度時光，辛勤的累積可以使你獲得美好的未來。

❖無論何時死都不感到遺憾

雖然道元禪師認為人生「生死事大，無常迅速」，但近來「生涯規劃論」卻十分盛行，而且幾乎所有的論者都把人的年齡從七十五歲提高到八十歲。從人的平均年齡來看，這些立論都是持之有據的，但並不能說道元禪師的話任何問題。請看報刊的死亡報導，死者的年齡往往是意外的，五十歲的上班族在職場上拚命工作，以致損壞了健康而導致死亡的也不在少數。但無論年齡大小，在死亡的路上是平等的，人生「生死事大，無常迅速」，不論什麼時候死去，只要在世的時候充實地度過每個日子，就不會留下遺憾了。

忠告

因為平均年齡是七十五歲，認為自己能活到七十歲，而後心安理得、平平庸庸地生活，這是十分錯誤的，因為何時患病，何時死亡，誰也不能預測，所以，充實地度過每一天吧，不要到臨終時才感到遺憾。

63 道法自然，物我一體

《道元禪師語錄》每天清晨太陽在東方升起，每天晚上夕陽西沉，雲開時看得清山的輪廓，雨過天晴顯得天空遼闊。

❖奇妙無比

棟方志功先生被授予文化勛章以獎勵他在繪畫方面取得的巨大成就。參觀過志功先生作品展覽的人，都感到很有收穫，天衣無縫的作品和完美無瑕的人格使人深受感動，那種心情與感受很難用言語來表達。

棟方志功先生出生在青森縣的一個鐵匠的家庭，每天從早到晚他都是幹掄錘的工作。但是，到了每年的七月七日，他總是去幫忙描繪燈籠紙，把他從心底湧出的創作欲望，發洩在燈籠紙上。

他認識荷蘭畫家梵谷之後，就立志成為油畫畫家，不論誰都難以動搖他的興趣。他當地方法院的雜工以後，即拚命繪畫，然而無論他怎樣用功，他的繪畫都難以有所突破，一次，好不容易有一幅畫被推薦參加「帝國繪畫展覽」，遺憾的是，他沒能參加。當時他一文不名，連吃的東西都沒有，哪有錢去參加展覽呢？

他沒有上過正規的美術學校，但在繪畫的道路上，卻經常虛心地向所有認識的老前輩請教，憑著自己的體會去創作，這使得他的作品不受門戶之見的限制，亦能夠吸收眾家所長，梅原龍三郎、河井憲次郎、川上澄生等等都是他的老師。他的繪畫因很有創意而耐人尋味。

棟方志功埋頭於版畫製作時，他的口頭禪是：

真妙！真妙！

扳刀快點刻哟！真妙！

就這樣，他反覆念叨著，把臉貼進木板，孜孜不倦地刻起來。後來，他的右眼失明，失明之後的作品又有很大的突破，不再為客觀的事物所束縛，其高尚的人品，自然的本性，無遺地表現在他的版畫之中，從而創造出「棟方志功」特有的風格和藝術境界。他說：「如果僅僅認為客觀事物再現於版畫之中，就不會有棟方，因為版畫畫面融合著我脫離世俗、崇拜自然的心性。」

棟方志功作為自然人的本性和出污泥而不染的靈魂，經常再現於藝術世界之中無拘無束、崇尚自然，表現其出污泥而不染的靈魂，是他孜孜以求的境界。

❖感謝自然的大恩大惠

人們對每天的自然現象習以為常，一點也不覺得感動，但仔細想來，大自然的所有現象都是奇妙無比的。早晨，太陽染紅東方的朝霞，給人們送來溫暖的陽光；使得人們醒來後，能在溫暖的陽光下活動。如果沒有太陽，樹木會因寒冷而凍成冰霜，一切生物、植物亦都將喪失生機，人也不可能存在於地球上了。

古代的人們，因此而感謝太陽，他們在早晨對著太陽合掌而拜，虔誠地說：「太陽，請守護在我身旁。」自然的恩惠是無限的，不知在什麼時候，人們把自然現象看成是很平常的事情了，這是有違人原來的本性的。

道元禪師說：「每天清晨太陽在東方升起，每天晚上夕陽西沈。」大自然默默地運作中，也含有人生的真諦，那種大自形的恩惠，對人類來說是最為寶貴的，人們應該對著大自然合掌而拜，並虔誠崇尚自然。

■忠告■

有感謝之意的人與無感謝之心的人之間，存在著天壤之別，如：別人端出茶來，說聲「請喝茶」時，有的說聲「謝謝」，有的不吭聲地端住就喝，顯得十分孤傲。不要忘記，此時說不說感謝的話，看起來事情很小，但在實際上卻反映著一個人的人格。

64 不必多積身外之物

《正法眼藏隨聞記》衣鉢之外，不留一點積蓄，化齋多餘的物食，施給飢餓的人們，即使施主送來的東西，也不貯存。

❖一無所有的安心

以專精的技術而享譽全世界的日立製作所，巨大的綜合電機製造者之中，有一位名叫倉田主稅的人，他是日立的總工程師。他的職權雖高，卻不像某些人頻頻以「飛機」代行，或以住在豪華巨宅來誇耀自己的權勢。

對日立總工程師的地位來說，他的家極不相稱的，非常寒酸，門很窄，風一吹，經常發出刺耳的聲響，院子裏沒有一棵樹，也沒有什麼植物，然而，他卻默默且毫無怨言地住在那裏，無論誰看到這處院子，都不會想到是《幸福雜誌》封面人物的住宅。一九六一年倉田先生把社長的位置讓給了駒井健一郎先生，把自己全部退休金和財產拿出來，作為技術開發振興的基金。有一天，他很突然地離開了人世，他已經到達了「無一物藏於己」的禪的境界，不過他的死還是讓人從心裏感到惋惜，而人們亦會永遠懷念他。

在現代的社會，有的人為了實現自己的欲望而不擇手段，另外像欺侮女性、欺騙男性、攫取財產大發不義之財者更不乏其人，結果，有人被關進監獄，有人被迫自殺，甚至有的為個人的目的做偽證，而被定為偽證罪。

這些被欲望支配的人最終也會感到活得太累，想喘一喘氣，放鬆一下緊張的神經，鬆弛一下疲憊的心靈，然而，只要他繼續視錢如命，執著權力，並緊抱著地位不放，他是絕不可能輕鬆的。

禪主張「一無所有」，禁止欲望，欲望之火燃燒的時候，內心不會平靜，東西有也好，沒有也不算什麼，「知足常樂」，這就是禪的目標。站著有半片蓆的地方，睡在一塊蓆的空間，無論身在何處都感到心胸開闊。身穿墨染的袈裟，手拿化齋的一鉢，如浮雲，似流水，到處游蕩不存多餘之物，靠施主求生，這也是一種最理想的境界。

❖世間自有供養修行者的人

道元禪師曾在宮廷深院裏度過了他的孩提時代，他常看到有些人昨天還在誇耀其權力，一副躊躇滿志的樣子，今天卻成為囚犯，被打進大牢。宦海的沈浮刺痛了他幼小的心靈，因此，他不再渴望權力和財產，並放棄了貴族生活。

道元禪師最反對的也是權力和財產，只要眼前有最破的衣服穿，其他什麼都不稀罕了。他認為多餘的東西是修的累贅，只有壞處，沒有好處。食物，每天早上托鉢外出化齋即可以夠用，如果當日化來的食物有剩餘，就施於飢餓之人，根本不考慮存放起來或供自己困難時享用。道元禪師告誡弟子說：「蓄財是修行的絆腳石，應該一無所有。」

不可思議的是，深得坐禪三昧的僧人，必定會遇到堪稱知音的施主，不希望僧人餓死的善男信女，世間大有人在，故人生真是美麗，美得讓人無比讚嘆。

■忠告■

這也要，那也要，像口渴之人求水一樣到處亂跑，然而，得到多少才能感到滿足呢？人的欲望是無法滿足的，如果沒有貪欲，人生就可以從痛苦中解脫。

65 活出只有一次的人生

《正法眼藏隨聞記》超脫地生活，沒有為法而求法的志向，求法是另有所圖，看到真法時只能是葉公好龍，得到正法時會討厭正法。

❖留心一切事物不要浪費生命

寶貴的生命人生只能有一次，但碌碌無為終其一生者亦占很大比例，即使認為無所作為的蟲子也有自己的生命，但牠的生命就不怎麼富有意義，於是不少人思考自己的生活方式，不為人知的人生是寂寞的，像蟲子那樣。但只要是採取自己理想的生活方式，不也很好嗎？不是所有的生命都能有意義的，蟲子的生命不就如此嗎？

松下電器公司的創業者松下幸之助先生，把留心所有事物做為生命的前提，全神貫注地投入自己的工作，這種生活方式是應該提倡的。

在死亡到來之前，所謂的『充分發揮自我』，就是在全神貫注之處，可以看到自我作為人類的一員的力量，即一個人全神貫注於一切事物，事物中就有自我的生命存在，在承認這一點的基礎上，在雙方互助關心對方的一切的行為中，每個人都會有安全感，和諧的人生就會出現。

人不可能永遠活著，生命總有結束的時候，如果每個人都知道自己的生命何時完結，一定會花錢盡情玩樂，但就是因為不知道自己生命的長度，所以很多人都在茫茫然的生活。然而，如果人們想自覺地發揮生命的作用的話，那麼怎樣度過寶貴的一生，就是每個人必須從內心做出回答的問題。

人生如果有兩次生命，誰都會說這次我將如何度過，用最短的時間，不走一點彎路，一逕地奔向自己的目標，但遺憾的是人生只有一次單程票。走彎路是必然的，重要的是，不在於不走彎路，而是在短短的僅有一次的一生中，是否每日都全神貫注於自己相信的東西。

人的生命是屬於自己的，所以，怎樣度過一生，別人按理說是無權干涉的。有些年輕人認為「生命寶貴，應該珍惜，應該隨心所欲做自己想做的事情，因為生命實在太短暫了！」這種年輕人隨心所欲的生活方式，我認為容易給別人帶來痛苦，可惜的是，這種人卻愈來愈多，真是令人耽憂。

忠告

人生在世，應該掌握正確的知識，創造完美的自我，讓人無可指責，堂堂正正，在法也即真理光芒的照耀下，過富有意義的人生。

66 不惜生命，以求正法

《正法眼藏隨聞記》若遇到正法，當萬死不辭，孜孜以求。掌握佛法的人與不掌握佛法的小人之別，就在於他在正前對於生命的態度如何。

❖獻身於修復佛像

雖聆聽正確的教導，但仍然對正法徘徊躊躇，愛惜身命，對於追求正道的人來說，再沒有比這更令人感到羞恥的了。京都愛岩念佛寺住著一個名叫西村公朝的人，年輕的時候，西村在東京美術學校雕刻系學習，立志要成為一名雕刻家。

一九四二年秋天，他應徵召入伍，被派到中國大陸，由於行軍過於疲勞，走著走著就打起盹來，做了一個清晰的夢。西村回憶道：「無數殘破的佛像高聲喊著：『還我完全的肢體』，於是我和殘破的佛像做了一個交易，我說：『我一定還你們完全的肢體，但是，你們必須保佑我平平安安地回到日本。』」

說來也神奇，到一九四五年底回到日本之前，西村沒有一次遇到過敵人，亦沒有開過一槍。之後，西村便來到擺滿佛像的三十の間堂從事修理佛像的工作。

最初的工作，是戰前開始的三十の間堂對於佛體的大修補。有一次，西村把千手觀音像抬到堂外，因為塵土很多，腐蝕了佛像，所以撣一下上面的塵土，而在翻飛的塵土中，佛體上掉下來的金色粉末閃閃發光。

「扔掉太浪費了，收起來做成珠子吧！」西村這樣想。四年期間，他把金粉收集在一起而做成了一個乒乓球大小的金珠子，送給了京都的妙法院。後來妙法院的和尚、禪師經常邀他入寺觀看並修復佛體，前來參拜的民眾說：「啊！真是奇特的人物，這樣關心佛體的人，一定是出色的佛家弟子，這種人應該剃度為僧。」於是西村剃度之後，法名為公朝。

■忠告■

世人常被一些小事迷惑，消耗精力，疲憊不堪，而最終得來的只是無邊的痛苦。人不能從欲望中解脫是可憐、可悲的，同時也是無可救藥的。

。

67 努力工作，發掘潛力

《正眼法藏隨聞記》正法能使人發揮巨大的潛力，然而，如果停止修行，人的潛力也會倏而消失，因為修行一旦停止，悟性就隨之消失，沒有悟性，人生一無所獲。

❖琢磨人的自然本性

拿破崙一世認為，即使是狼群，如果讓羊去指揮，也會顯得懦弱、缺乏戰鬥力，相反的，如果羊群由狼去率領，就會變得強大無敵。

古人云：「強將手下無弱兵」也是這種意思。平平庸庸生活的人，什麼才能都難以表現出來，只有在困難和挫折中，才能鍛鍊出克服困難的才能，並顯示在逆境中奮起的驚人的力量。

川崎重工業會的會長故砂野仁先生深有體會地說：

優秀的人才如果由平庸的人操縱，只能幹好平庸之人或低於平庸之人的工作，因此，應特別注意選拔優秀的人才到領導崗位上來。反之，稍稍低於一般人和能力稍差的人，如果由一般人來領導，在一種社會結構中幹一般人的工作是容易幹好的。

人的身體隱含著巨大的潛力，它安睡在人們的體內，在表面上不露任何跡象，就像寶石沒有經過琢磨一樣，黯然無光，因此只有經過琢磨，寶石才會露出它的真面目，成為人們喜愛的名貴寶石。

人性本來是善的、美的，善美之心是充裕的、豐富的，而為了使本來的善美充分顯現出來，就必須全力以赴，專心致志地修行。如果整天渾渾噩噩、昏昏沈沈，過一天算一天地生活，善美之心是不會顯露的。

人好像一個自身運轉的系統，外在的因素對它有一定的作用，但最根本的還是靠自身修行的力量，然後打開遮蔽內心的帷幕，使善美之心閃耀出明亮的光輝。相對地，如果不修行，寶石就會像一般的石頭一樣，永遠沈睡，被一般的石頭所埋沒。

❖每日修行才有悟性

人的才能很多是沒有表現出來的。社長對下級擺大架子、逞威風，因「我是社長」而看不起下級，那麼，比社長能力強的人就會接二連三地離去，剩下的只是水平能力不及社長的人，這樣，社長的水平也不會提高，當然，下級的才能也難以表現。

道元禪師認為誰都具備充分的「才能」，但是要想讓它表現出來，則必須「修行」，因為人不經過磨鍊只能算是一個平平常常的普通人，而平常的人對社會的作用是很小的。因此，在名師的指導下參禪，修行正道，「才能」就會不知不覺地由小小的嫩芽長成參天的大樹。

禪的觀點認為，修行之中存在著悟性，但並不是就說修行的終點有悟性，而是悟性存在於修行的過程之中，如不修行就沒有悟性，或者說不存在悟性，因為一切悟性即在每日的修行之中。我們的日常工作也是如此，只有每天磨鍊自己，「才能」才會增長，自身的潛能才會得到充分的發掘。

■忠告■

高僧雖說得到了悟性，但若是停止了修行，悟性也會隨之消失。人與高僧相比是低弱的，但不要忘記，只要不斷地銳意進取，就能開拓出前進的道路，想進取的人們，努力吧！

68 寬恕怨敵，曉之以理

《正眼法藏隨聞記》說：縱然是要殺死我的人，我也要向他們佈道，誠心誠意地提出問題，並寬恕他們的罪惡。

❖遇刺之前以理服人

勝海舟是負責幕府軍艦的長官，為開國努力工作，坂本龍馬受千葉重太郎的誘使，想暗殺開國派的總師，潛入了勝海舟的官邸。勝海舟看見這個人的第一句話就是：「你們是來殺我的吧？怎麼樣？是無須廢話，引頸受死，還是聽過我的話之後再除掉我？」懾於他的氣魄，坂本龍馬即回答說：「聽了你要說的話再殺你。」勝海舟便趁這個機會向眼前的青年認真分析了世界的局勢：「『攘夷，攘夷』，宮廷到處都是這樣的喧鬧聲，可是，守衛日本的軍艦，幕府一艘也沒有。如真正堅持攘夷的話，為了擊退侵略日本的外國軍艦，大約需要三百艘軍艦，和運作三百艘軍艦的水兵，可是，這些軍艦和水兵又在何處呢？我想說的就是，為了擊退外國的侵略者，我要去努力籌備。怎麼樣？坂本君，你也是主張攘夷的人嗎？如果不把目光對準最重要的敵人即世界的列強，日本就注定要亡國了。」

不知不覺中，龍馬由心不在焉轉為正襟危坐，專心致志地聽勝海舟說話，勝海舟也忘記了龍馬前來刺殺自己的事情，忘我地陳述著日本的危險。龍馬的心被感動了，他激動地叫起來：「勝先生，請讓我做您的弟子吧！這是我由衷的心願，聽了您的話以後真是茅塞頓開！」

就這樣坂本龍馬被勝海舟收為弟子，轉變成開國派的一員。

（編按・勝海舟、坂本龍馬均為日本近代海軍的創始人）

❖人之道是誠實之道

再沒有比人的內心世界更容易變化的了，世界上沒有不願誠心誠意地打開自己的心扉的人，用既成的偏見一成不變地看人，是自己的最大恥辱。天下公司的新社長北本聰先生，曾認為原來的社長，即現在的中小路部長，他那「花火師」的綽號含意是裝滿了火藥，隨時可能爆發，因此，盡量與他保持一定的距離。

在新的一年的經營計劃討論會上，討論並不熱烈，北本社長詢問周圍的人是什麼原因，然後才在大家的答案中了解了「花火師」的真正能力。他這個「花火師」的稱號是因為他具備這樣的能力，即在公司職員總會上召集公司職員討論公司的經營計劃，誰都可以明白計劃的內容，討論至熱烈處，大家的意見就像放上去的煙火一樣，在夜空中閃耀著美麗的火花，公司職員們更希望聽到的，不是並列的數字說明，而是「花火師」對美好理想的具體描繪。北本社長把記錄簿給了在後面坐著的中小路部長，而受北本社長委託的中小路部長，則默默地在一旁作補充計劃的說明。

無論怎樣說，把人作為手段的天下公司的弊病已然痊癒了，因為以誠實的心依靠別人，無論誰都可以接受，並把事情辦好。

忠告

把人作為手段的劣根性在公司中是常見的，如果上級這樣，下級自然也把上級視為手段。無論上下級都應拋棄這種行為，人們希望的是誠實之心，有誠實之心，什麼樣的危機都能同舟共濟，「人之道是誠實之道」，沒有誠實，就看不見道路。

69 人生無常，心氣平和

《正眼法藏隨聞記》在無常到來之際，國王、大臣、親屬、僕人、妻子、珍寶，一切都是空的，因為只能一個人孤獨地奔赴黃泉。

❖心氣平和

人常常被說成是感情的動物，看不見摸不著的感情在人的心中時隱時顯，永無止境。佛法認為，隨心所欲，對感情不加控制，在失去生命的時候，也同時會丟去靈魂，故為了得到永生，應在活著的時候盡早出家，禁止情欲，皈依三世諸佛的正法。

眾議院議員石田博英曾說：

我生來任性，心裏怎麼想，嘴上就怎麼說，愛感情用事，有時因感情強烈大發脾氣，顯得有些粗暴，過後，不論勝負如何都像吃了砂子一樣，心裏因後悔而難受，被難以忍受的寂寞所困擾。

在感情用事的時候，也能發現自己的錯誤，為了不重犯，有時也想適當地讓步為好，然而，令人焦慮的是自己不能控制自己的感情。啄木（編按．石川啄木，日本名詩人、小說家、評論家）說：『在大發議論之後，要喝一匙涼咖啡』，就是讓人品味一下可能成為暴力主義者的脾氣暴躁的人所感到的苦味。

在感情失去平衡的時候做出的決定，往往容易出錯，做出的回答也不盡合理。對於我的性格缺憾，在舊制中學生活結束的時候，我就認為應該改變。那時，我家住在京都東南的東福寺。有一年夏天，在散步經過下院的客廳，我看了掛在牆上的『平心應物』四個字。

這就是『平心應物』啊！我想。因為不喜歡和尚的說教，就憑自己的解釋認為，無論什麼時候都應該注意保持『平靜』的心情。過喜、悲傷、憤怒、焦慮、被偏見幻想困擾、受好惡的感情折磨都是沒有必要的。從此，我一有事，就想起『平心應物』這四個字，想著想著，就心平氣和了。

石田博英心胸開闊，冷靜恬適，具有清晰的無拘無束的判斷力，現在，正心氣平和地生活著，實在是世人的楷模。

❖心氣平和與人生無常的哲學

心氣平和是悟道的表現，這是十分明顯的事情，當你想「心氣平和」的時候，就會說「心氣平和」了，「心氣平和」所蘊涵的內容就已經具體了，「心氣平和」真是難得的話語。

國王、大臣、親屬、僕人、妻子、兒女等，無論怎樣珍貴，在死亡面前都是無計可施的，道元禪師認為只能一個人孤獨地奔赴黃泉，受到這種人生無常哲學的熏染之後，人們可以理解心氣平和是悟道的表現，能夠平靜地生活下去。

良寬禪師這樣寫道：「病就讓它病好了，死就讓它死吧！」

再也沒有比良寬禪師更心氣平和的啦！

人世是無常的，人生是不可預測的，不知在什麼時候人的生命就中止了，所以，道元禪師說：「正因為人生無常，才更要加倍努力追求正道。」

■忠告■

同樣是人，道元禪師、良寬禪師達到了令人驚訝的人生最高境界。然而，我們不能只是驚訝，先生們！女士們！要從現在做起，讓一瞬間都心氣平和地向正道前進。

70 只有抓住現在，才是人生真諦

《正眼法藏隨聞記》學道之人，不期待明天，只有今日的現在，應該不停頓地追隨佛祖，向正法接近。

❖有安全才有經營的成績

這樣的高級人才是很多的，能在所有的企業中有力地展開競爭，使企業別開生面，出類拔萃。然而，作為企業的領導人，在作業現場穿著工作服，告訴人們注意安全，堅持給全公司的職員寫「知心之友安全通信」，在現在的日本，或者在全世界都是少見的。

關東電氣工程會長押本榮先生度過了他七十七歲的壽辰。七十七歲高齡的他，可以整天待在會長室裏，偶爾給公司指點迷津就算盡到自己的責任了。但是，他並不這樣做，而是不顧自己的高齡，不帶任何隨從，每天早晨去作業現場，對每人語重心長地囑咐：「安全第一，工作第二。」此舉溫暖了每一個公司職員的心。

押本會長的「知心之友安全通信」漸漸接近了人的內心世界，人是最重要的思想被充分表現出來。押本會長曾這樣說道：

「為什麼我在最嚴寒的季節去現場前線，讓每個人避免災難，為什麼我不顧七十七歲的老骨頭在嚴寒的早晨和每個人交流對話，我自己也說不清楚。總覺著心緒不寧，對於安全的擔心驅使我這樣做，我這把老骨頭算不了什麼，我一個人的生命不是什麼問題，最重要的是現場每一個人的生命安全。」

❖不期待明天

道元禪師要求人們「不期待明天」，一切事情都要在「今日的現在」做起，這才是真正的人生。押本會長每日二十四時，不顧自己的生命安全，每時每刻都在想著公司職員的安全，故押本會長和道元禪師的心是相通的。

人，大部分都是凡人，對於一件事情，人們會立即不加思索地說：「從明天開始去做」。那麼，試問：如果從明天起可以做，為什麼現在不能做呢？人生不知何時終結，故應該抓住今日的現在，這不是不考慮年齡的問題，而是要抓住自己人生中的每一時刻，因為只有這樣的生活態度才是令人尊敬的。捨棄自己、幫助別人，也要從現在、從腳下立即起步，而像押本會長那樣。努力、努力、再努力，寬廣的道路就在前面。

■忠告■

捨棄自己的欲望，多為別人著想，道路就會自然寬廣：「過幾天再做」、「再說吧」和不做又有什麼差別？故要從現在做起，從這裏出發，抓住生命的每一瞬間，這才是真正的男子漢，不要辜負自己啦，自己做自己的主人吧！

國家圖書館出版品預行編目資料

三分禪／赤根祥一 著 -- 初版 -- 新北市：
新視野 2024. 07　　面；　公分 --
ISBN 978-626-98223-9-3（平裝）

1. CST：佛教修持　2. CST：生活指導

225.87　　113005726

三分禪

赤根祥一　著

出　　版　新視野 New Vision
製　　作　新潮社文化事業有限公司
製 作 人　林郁
電話 02-8666-5711
傳真 02-8666-5833
E-mail：service@xcsbook.com.tw

總 經 銷　聯合發行股份有限公司
新北市新店區寶橋路 235 巷 6 弄 6 號 2F
電話 02-2917-8022
傳真 02-2915-6275

印前作業　菩薩蠻數位文化有限公司
東豪印刷事業有限公司
福霖印刷企業有限公司

初　　版　2024 年 12 月